Die Kraft deiner heilenden Gedanken

The Power of your Healing Thoughts

Begegnungen mit Menschen und Landschaften dieser Erde.
Eine meditative Bilderreise zu dir selbst.

Encounters with people and landscapes on this globe.
An illustrated, introspective journey into your self.

DDDr. Christian Kobau

Gewidmet:

Dr. S. BRIJISH MAHA AVATAR BABAJI (Indien)
John de RUITER (KANADA)
Thomas GREEN MORTON (BRASILIEN)
Irene und Namoani

Dedicated to:

Dr. S. Brijish Maha Avatar Babaji (India)
John de Ruiter (Canada)
Thomas Green Morton (Brazil)
Irene and Namoani

Einführung

Der starke Glaube an die Durchführbarkeit einer Sache ist die Grundlage von schöpferischem Handeln. Dazu gehört primär der Glaube an sich selbst und die unbegrenzten Möglichkeiten, die das Universum uns zur Verfügung stellt.

Die Kraft des Geistes und der eigenen Gedanken bilden mit unserem Unterbewusstsein eine starke Einheit, durch die wir Unglaubliches erreichen können. Jeder Mensch besitzt durch seinen Geist die Fähigkeit, Selbstheilungskräfte zu aktivieren.

Die Psychoneuroimmunologie befasst sich z.B. mit den besonderen Heilungsphänomenen, die auftreten können, wenn die Psyche aktiviert wird und so das Immunsystem positiv beeinflusst. Es konnte gezeigt werden, dass krebskranke Kinder, wenn man ihre Kraft zur Visualisierung gezielt zur Heilung einsetzt, wesentlich bessere Überlebenschancen haben, als jene, die diese Kraft nicht nützen.

Viele Menschen sind aber durch innere und äußere Faktoren blockiert und können so nicht ihren inneren Kern, das eigentliche Wesen in sich erreichen. Diese Essenz, das was uns als Seele darstellt, ist aber für den Heilungsprozess auf körperlicher und geistiger Ebene der Schlüsselfaktor. Wir sind durch dieselben Muster und Zwänge eingeschränkt, die auch unsere Ahnen vorgefunden haben.

Diese muss ich erkennen und versuchen zu verstehen, warum ich immer wieder ähnlich auf gewisse Muster und Situationen reagiere. Durchschaue ich die Muster, werde ich meine eigenen Begrenzungen sehen und nicht mehr von Strukturen getrieben und gelenkt werden, sondern aus meinem inneren Wesen heraus heil werden.

Angst blockiert dabei all unsere Energiesysteme, denn das was wir am meisten fürchten, werden wir erleben.

Ich bin was ich glaube und aus mir mache.

Introduction

The strong belief in your ability to carry out a task forms the basis of all creative action. This includes, most of all, having confidence in yourself, as well as the unlimited possibilities of the UNIVERSE. The power of the spirit and our own ideas combine to create, along with our subconscious, a strong unity by which we can accomplish the incredible. Everyone is able to activate the self-healing powers through one's own spirit.

Psychoneural immunology deals in part with the special healing phenomena that occur when the psyche is activated and, in turn, activates our immune system positively. It could be proven that children with cancer had a better chance of survival when specifically their power to visualize their healing process could be activated. Chances for survival are substantially better with thus motivated children.

Many people are blocked by their inner and outer factors and therefore cannot reach their inner self - the real being. This essence which appears to us as our spirit is the key factor for a healing process at the physical and spiritual level. Just like our ancestors, we, too are restricted by the same patterns and forces.

This I must realize and I must learn to understand, why I always react the same way to certain patterns and situations. Once I can see the patterns clearly, I will see my own restrictions and will not be driven anymore by structures, but will let healing happen from my inner self.

Fear blocks all our energy systems, because what we fear most, we will experience.

I am what I think and what I want to be.

Der Glaube schafft Realität durch QUANTEN. Gedanken lassen diese Realität entstehen, wie SETH, das amerikanische Medium einmal gesagt hat: „Gedanken sind Materie in statu nascendi (im Zustand des Geborenwerdens)."

GEDANKEN sind REINE ENERGIE und können positiv wie negativ von uns eingesetzt werden. Meistens werden sie unbewusst negativ verwendet, so wie „Ich bin nichts wert, kann zu wenig, bin zu dick, zu unsportlich, zu arm, zu dumm, …"

Die Vorstellung von dem, was ich von mir glaube, beeinflusst in großem Maße meine persönliche Realität.

Leben ist Wandel

Verändern wir unser Bewusstsein (unser bewusstes Sein), d.h. Werte, Einstellungen, Muster etc., verändern wir auch die Kraft um uns herum, unsere direkte Umgebung. Veränderungen sind oft nur durch Lernprozesse erreichbar. Wir lernen meist durch intensive Gefühlszustände wie z. B.: Leid, Schuldgefühle, Schock, Freude, Liebe, durch die wir alte Muster loslassen und neue Erkenntnisse gewinnen und so an Erfahrung wachsen.

WACHSTUM AN ERFAHRUNG UND BEWUSSTSEIN erfolgt auf physischen, emotionalen und geistigen EBENEN.

Der Mensch ist eingebettet in ein großes, kosmisches Netz und kann nur durch das harmonische Zusammenspiel aller Kräfte existieren.

Die Bilder von naturverbundenen Menschen, Ritualen, Landschaften und Tieren in diesem Buch sollen zur Rückbesinnung beitragen, dass wir Teil dieser Natur sind, eingeflochten in die kosmische Ganzheit.

„Ich bin das Land, meine Augen sind der Himmel,
meine Glieder die Bäume.
Ich bin der Fels, die Wassertiefe.
Ich bin nicht hier, die Natur zu beherrschen oder sie auszubeuten,
ich bin selbst die Natur.
Was wirklich zählt, ist die Schönheit,
die wir in unser Leben bringen,
die Art, wie wir unsere Verantwortung und unsere
Pflichten gegenüber unserem Schöpfer erfüllen."

(Weißer Bär, Hopi)

Belief creates realities by QUANTA. Thoughts allow these realities to exist, as SETH, an American medium, has said: "Thoughts are materia in statu nascendi (The state of being born)."

THOUGHTS are PURE ENERGY and can be used positively or negatively. Mostly they are being used unconsciously in a negative way, such as: "I'm not worth anything, I have no talents, I'm too fat, not athletic, too poor, to stupid etc. ..."

The vision of what I think of myself influences, to a great extent, my personal reality.

Life is a constant change

If we change our consciousness (our conscious being) -- i.e. our values, commitments, patterns etc. -- we also change the field in our immediate surrounding. Changes are often made possible through learning processes. We learn most in an intense emotional state. This includes, inter alia, suffering, feelings of guilt, shock, happiness, love. We let go of old patterns and gain new knowledge and grow with new experience.

GROWTH IN EXPERIENCE AND REALIZATION starts on physical, emotional and spiritual LEVELS.

The human being is embedded in a big cosmic net and can only exist in a harmonic togetherness of all powers.

The pictures of animals, landscapes, rituals and natives in this book should help to remind us that we are part of this nature, embedded in the cosmic whole.

„I am the land, my eyes are the sky,
My limbs are the trees.
I am the rock, the deep water.
I am not here to rule nature, nor to exploit it,
I am nature myself.
What really counts is beauty,
That we bring into our life,
The way, how we fulfil our responsibilities
And our duties to our creator."

(White Bear, Hopi)

Während vieler Reisen und Expeditionen rund um die Welt durfte ich erleben, wie vielfältig, kreativ und einzigartig sich die Schöpfung in Natur und Mensch entfaltet. Auch wenn das eine oder andere Ritual eines Naturvolkes für uns unverständlich, grausam und blutig erscheint (siehe Indonesien, Brasilien etc), so ist es doch aus dem Überlebensinstinkt eines Volkes heraus entstanden, frei jeder Beurteilung.

Wenn wir die Schönheit und Mannigfaltigkeit der Natur, sowie ihre kosmischen Gesetzmäßigkeiten (siehe DVD „goldener Schnitt") schätzen lernen, werden wir erkennen, dass alles von einem höheren Geist beseelt ist und unsere negativen Gedanken und Muster im Hinblick auf die Schöpfung als Ganzes völlig unangebracht sind.

Ich erspüre die Kraft hinter allem und schließe meinen Geist daran an. Ich meditiere, bete, ich bin einfach in der Natur und verbinde meinen Geist mit dem kosmischen Feld in Stille.

ICH BIN ICH SELBST DER, DER ICH WIRKLICH BIN.

Dabei werden neue Gedanken auftauchen und Bilder erscheinen, die einen anderen Blick auf unser Leben ermöglichen und uns unterschiedliche Optionen zeigen.

ICH BIN NICHT ALLEIN.

Durch Bewusstheit uns selbst und unserer Umwelt gegenüber können wir erkennen, dass wir Teil eines GANZEN sind. Durch dieses Erkennen und Erfahren der göttlichen Kraft in allem werden wir unsere eigenen Heilkräfte aktivieren können, aber auch unsere Beschränkungen sehen.

Ich werde meiner Intuition vertrauen, meine Kreativität ausleben können und auf ein spontanes Leben im Hier und Jetzt zusteuern.

In der chinesischen und indischen Medizin bedeutet das Leben in der GANZHEIT, früher wie heute, dass sich unser Organismus in ausgewogener Balance befindet. Dann erst ist ein Zustand, den wir als „Gesundheit" bezeichnen, erreicht. Wir werden krank, wenn der Körper nicht mehr imstande ist, durch innere und äußere Balancestörungen hervorgerufene Ereignisse abzuwehren.

Erst wenn es gelingt, einen Zustand des

IN DER MITTE SEINS

zu erreichen, wird jener innere Frieden, jene Stille, Ruhe und Klarheit, die damit verbunden ist, eintreten und wir werden HEIL.

During many travels and expeditions around the world I could experience how manifold, creative and unique the universe unfolds in nature and human beings. Even though some of the rituals of some native tribes (Indonesia, Brazil etc.) may seem cruel to us, they are deeply rooted in the instinct for survival, and so it is not for us to judge.

Once we begin to appreciate the variety of nature, including its cosmic set of laws, (see also the DVD "Golden Cut"), we will realize that everything is filled with a higher spirit, rendering our negative thoughts and patterns concerning the creation as a whole as absolutely unnecessary.

I sense the power behind all things and I align with it. I meditate, pray, I am purely in nature and connect my spirit with the cosmic field of stillness.

I AM ME, THE ONE, WHO I REALLY AM.

Hereby new ideas will come up and pictures will appear, that let us have a different view on our lives and let us see different options.

I AM NOT ALONE.

Through awareness towards ourselves and our surroundings we can realize that we are part of the WHOLE. By realization and experiencing the divine power in everything, we will be able to activate our own healing powers, but also see our limits.

I will trust my intuition, I will be able to live my creativity, and will head for a spontaneous life, here and now.

Both Chinese and Indian medicine view life as a whole - past and present – as a state in which our organisms are carefully and well balanced. It is only then that we reach a condition which we can call health. We get ill as soon as our body is not able to fend off inner or outer irritations.

Only when you are able to reach a state

IN THE CENTER OF BEING

you will find this inner peace, solitude and clarity which is connected to it, and a healing process can set in.

Heilwerden ist aber nicht nur auf den Körper beschränkt, sondern betrifft vor allem unsere Seele. Ich durfte Menschen kennenlernen, die körperlich schwer krank waren und daran auch starben, doch die geistigen Veränderungen in dieser Zeit des Krankseins waren so gravierend, dass viele von ihnen auf seelischer Ebene großes Heil erfahren durften.

Der Intuition zu vertrauen bedeutet, den Geist für höhere Ebenen und Wahrheiten zu öffnen, demütig zu sein und klar entscheiden zu lernen, was individuell wichtig ist. Zu erkennen was jeder für sich tun sollte; nicht was er tun möchte, auf Grund von gefärbten Ideen, Dogmen, Vorstellungen, Zwängen, Trieben und Süchten.

Die INTUITION vermehrt in unser Leben einzubeziehen, gibt uns einen Zugang zu einer Energie, die auch als besondere Form der LIEBE bezeichnet werden kann. Durch sie wird es uns immer mehr gelingen, Einfluss in schöpferische und kosmische Gesetzmäßigkeiten zu erhalten.

BABAJI: „Es ist die Vereinigung mit Gott durch die bewusste Hochzeit von Geist und Herz in der Liebe. Dies ist der Prozess der Selbstverwirklichung und Gottesverwirklichung. Wenn wir uns selbst kennen, dann und nur dann können wir Gott unseren Schöpfer erkennen. Als Jesus sagte: ´Erkenne dich selbst´ bezog er sich auf die Selbstrealisation. Wenn wir realisieren, wer wir sind und warum wir hier sind, wenn wir die unbewusste Anstrengung ´Gott zu Sein´ fallenlassen und wahrhaft erkennen, wer wir wirklich sind INNERHALB DES ALLUMFASSENDEN GOTTES, dann werden wir in der ewigen Präsenz von Gottes Willen leben."

BEWUSSTSEIN ERZEUGT RESONANZ IM POSITIVEN UND NEGATIVEN

Unsere körperlichen Mechanismen werden von unseren bewussten Überzeugungen gelenkt und nicht umgekehrt, d.h. unsere Vor- und Einstellungen, sowie unsere Glaubensmaxime, die wir uns im Laufe des Lebens angeeignet haben, prägen unsere Realität und Erfahrung. Wir sind für den „Druck", der auf uns lastet, für den Ärger, den wir haben, in einer gewissen Weise selbst verantwortlich und können diese Situationen verändern, wenn wir auch bereit sind, Veränderungen in uns selbst in Kauf zu nehmen und die Verantwortung dafür zu tragen.

Gelingt es uns mehr, unser intuitives Selbst wahrzunehmen und auf jene Botschaften aus unserer tiefsten Mitte des Seins zu hören, werden wir ein komplett anderes Selbstverständnis und Bewusstsein von unserem eigentlichen Wesen und der Welt erhalten.

Being healed is certainly not restricted to the body, but instead concerns first and foremost our soul. I met people who were suffering from seriously physical illness, and eventually died of it. The spiritual changes during this period of illness were so remarkable that many of them received a great blessing on a spiritual level.

The intuition to trust means to open up the spirit for higher levels and truths - be humble and learn to decide clearly what is individually important. To realize what everybody should do for oneself, not what one would like to do as a result of coloured ideas and dogmas, imaginations, conventions, desires and addictions.

By including INTUITION increasingly into our life we gain access to a form of energy which, in a certain way, may be called LOVE. Through love we will increasingly be able to gain insights into creative and cosmic laws.

BABAJI: "It is the union with God, through the conscious marriage of spirit and heart in love. This is the process of self realization and God realization. If we realize ourselves then, and only then, will we be able to realize our creator. When Jesus said that we should recognize ourselves, he was relating to self realization. If we realize, who we are, why we are here, if we let go, of subconsciously trying ´To be God´ and truthfully realize, who we really are WHITIN THE ALLEMBRACING GOD, then we will live in the eternal presence of GOD's will".

CONSCIOUSNESS CREATES POSITITVE AND NEGATIVE RESONANCES

Our physical mechanisms are directed by our conscious convictions, and not vice versa. This simply means that our ideas and attitudes, as well as the beliefs we have acquired over the years, have formed our reality and experience. In a certain manner, we ourselves are responsible for the pressure that we feel and the inconveniences that we have. We can change these situations if we are ready to accept changes in ourselves, and accept being responsible for it.

If we are able to realize our intuitive self and listen to the messages from deep inside our own self, we will gain a completely different self-understanding and consciousness of our actual mind and the world.

Meist jedoch befinden wir uns in einem Konflikt, der dadurch entsteht, dass wir zwar jene intuitiv für uns richtigen Impulse wahrnehmen, aber dann, aus welchen Gründen auch immer, nicht fähig sind, diese im täglichen Leben umzusetzen.

Dieses SPANNUNGSPOTENTIAL: INTUITIVES WISSEN-DAVON DIFFERENTES HANDELN lässt in uns gewisse Glaubensleitsätze entstehen, als Rechtfertigung vor uns selbst genau so und nicht nach unserem intuitiven Gefühl zu handeln. Hält dieser Zustand der Selbsttäuschung länger an, kann es zu Spannungen in unserem Organismus kommen, der freie Fluss von Qi wird gestört, die Homöostase wird unterbrochen und krankhafte Symptome können entstehen. Der Mensch verbraucht so seine gesamte „adaptive Energie".

Leben wir im Alltag bewusster, wird es auch möglich sein, unsere intuitiven Erfahrungen besser aufzunehmen. In umgekehrter Weise wird unser Bewusstsein gefördert, wenn wir mehr auf unsere Intuition eingehen.

Sind wir uns einmal im Klaren darüber, dass wir unsere Erlebnisse, Einstellungen, (Vor-)Urteile, Eindrücke, Verhaltensmuster und Systeme verändern können, werden wir auch erkennen, dass wir von dem, was wir glauben, sehr oft in unserem Leben eingeschränkt werden und uns selbst in einen „Rahmen" hineinversetzen, der unsere mögliche Freiheit beengt.. Sind wir uns dieses limitierenden „Rahmens" einmal bewusst, können wir ihn zuerst vorsichtig erweitern und dann eventuell komplett weglassen, wodurch sich für uns völlig neue Dimensionen eröffnen. Bei den meisten Menschen aber besteht die Tendenz, sich mit jenem „Rahmen", jenen Überzeugungen, Vorstellungen und Ideen zu identifizieren. Identifikationen des eigenen Ichs mit der Religion, dem Beruf, dem Auto, dem Haus, dem Titel etc. um nur einige zu nennen. Wir sind aber nicht jener „Rahmen" oder jenes Konzept.

Wenn ich mich von meinem „Rahmen" befreie,
werde ich mein wahres Selbst erkennen.

Wir sind letztendlich die Schöpfer unserer persönlichen Willenskraft. Viele, die krank sind, können nichts anderes tun als ständig über ihre Krankheit zu erzählen. Dadurch verhärten sie ihren Zustand, denn die Kraft der Gedanken und des Geistes kann nicht nur heilen sondern auch zerstören. Gelingt es diesen Kranken, in ihre Vorstellungen ein Bild des Gesundheitszustandes zu projizieren, ist der erste Schritt für eine positive Veränderung bereits getan.

Mostly, though, we find ourselves facing a conflict: as certain impulses are intuitively recognized, we are subsequently unable, for whatever reasons, to put them into practice in our daily life.

This Conflict, INTUITIVE KNOWLEDGE – DIFFERENT ACTION, develops distinct beliefs inside us as to why we react a certain way and not according to our intuitive experiences. If this state of self deception persists for a longer period of time, our organism will be under stress -- and the free flow of Qi will be disturbed. The homoeostasis will be interrupted and illness symptoms can be created. This way a person can use up his/her entire "adaptive energy".

By living everyday life more consciously will make it possible to pick up our intuitive knowledge more easily. Conversely, our awareness is supported if we pay considerably more attention to our own intuition.

As soon as this is understood, we can change our experiences, our judgements, prejudices, impressions, behavioral patterns and systems. We are frequently limited in our lives, within a certain framework it is necessary to realize that we don't have to be framed in. Once we have consciously tried to widen this framework – carefully at first but eventually to the full – we can leave it out totally. Thus, new dimensions will open up for us.

Most people, though, will have the tendency to identify themselves with their "frame", their convictions, images and ideas; identifications of one's Ego, with religions, professions, cars, houses, a title, etc. just to name a few. But we are not this frame or that concept.

If I free myself of the frame; I will recognize my true self.

At the end we are the creator of our personal willpower. Many sick people constantly complain about their diseases. So they harden their condition, because the power of thoughts and of the mind can not only heal, but also destroy. If these ill people projected a picture of their state of health into their imagination, they would have initiated the first step toward positive change of their condition.

*ALLES IST MIT ALLEM VERBUNDEN –
DER MIKROKOSMUS KOMMUNIZIERT MIT DEM MAKROKOSMOS*

In diesem Sinne sollten die kurzen Texte in diesem Buch gesehen werden. Ich habe bei meinen Vorträgen immer wieder erlebt, dass oft ein einziger Satz zu einer gravierenden Veränderung im Leben von Menschen geführt hat. Wenn der Zeitpunkt stimmt, geht der Mensch mit dem tieferen Inhalt eines Satzes in Resonanz und innere Erkennungsprozesse kommen plötzlich ins Bewusstsein. Wie wenn eine Tür geöffnet und ein neuer Raum betreten wird.

Zur symbolhaften Öffnung jener imaginären Türe ist eine Achatscheibe auf jedem Cover angebracht. Der Achat gehört zur Kristallgruppe der Quarze, besteht aus Siliziumoxid und gilt seit altersher als Schutzstein, der die Selbstheilungskräfte, sowie das „Zellbewusstsein" fördert. Im spirituellen Bereich hilft er uns bei der Suche nach der Wahrheit.

Einer der Räume wurde mir in der Zeit, als ich John de Ruiter in Kanada besuchte, geöffnet und es entstand eine kleine Sequenz von Gedichten, welche ich Metamorphosen nenne. Dieses Buch soll nicht als Lehrbuch angesehen werden, schließlich ist jeder von uns sein Leben lang Lehrer und Lernender zugleich, sondern Anregungen zum Denken, Handeln und SEIN bieten.

*Wünsche dir deine Veränderung
Glaube an deine Veränderung
Werde zu dem, was du glaubst*

MEINE EIGENE REISE

Im Alter von 19 Jahren führte mich meine erste große Reise nach Indien, wo ich eine so differente Welt und Kultur kennen lernen durfte, dass dies für mich der Anfang einer Faszination am Reisen, an Abenteuern und der spirituellen Suche war. So verbrachte ich 1½ Jahre in Asien und 1½ Jahre in Südamerika, machte Diavorträge über meine Reisen und Expeditionen in die Urwälder des Amazonas, mit deren Erlös ich teilweise mein Medizinstudium finanzierte, welches ich nach 12 Semestern beendete. Nach der dreijährigen Ausbildung zum praktischen Arzt führte mich meine Reise 9 Monate zur UNO auf die Golanhöhen in Syrien. Diese obligatorische Militärzeit als praktischer Arzt im Camp nützte ich insofern, dass ich in der Abgeschiedenheit des Militärcamps mein damals begonnenes Psychologiestudium mit der Diplomarbeit über den Golan abschloss. Thema: „Der österreichische UN-Soldat im Interaktionsfeld israelisch-arabischer Konflikte".

*EVERYTHING IS CONNECTED TO EVERYTHING –
THE MICROCOSMOS communicates WITH THE MACROCOSMOS*

The short texts in this book should be seen under this heading. Frequently I have experienced during my lectures that a single sentence only has led to profound change in the life of an individual. If the time is right, a person begins to "resonate" with the deeper contents of a sentence, creating an inner recognition process, comparable to the opening of a new door and entering another room.

As a symbol for opening this imaginary door, you will find an agate disk on the cover. Agate belongs to the crystal-group of the quartzes, consisting of silicon oxide; it has been well known for ages as being a protective stone which supports the self-healing-powers and cell-awareness. In the spiritual field it is supposed to find the truth.

One of the rooms was opened for me, when I visited John de Ruiter in Canada, and I wrote a small sequence of poems, which I call metamorphoses. This book should not be viewed as a book to learn from; after all, everyone of us is a both permanent teacher and student at the same time. This book should encourage you to THINK, ACT, and BE.

*Wish for yourself your change
Believe in your change
Become what you wish to be.*

MY JOURNEY

At the age of 19, my first journey led me to India, where I was deeply impressed by the different world and culture I encountered. For me, this marked the beginning of an enduring fascination with travel, adventure, and spiritual search. Subsequently, I spent 1½ years in Asia and 1½ years in South America. I held several lectures on my travels and various expeditions into the jungles of the Amazon. With the money thus earned, I was able to finance (at least in part) my studies in medicine, which I finished within 6 years. After a 3-year internship, I did my compulsory military service working as a physician with Austria's peacekeeping unit on the Golan Heights in Syria. In the remote military camp there I completed my doctoral studies in psychology with a thesis about the Golan Heights, entitled: "The Austrian UN Soldier in the Interaction Field of the Israeli-Arabic Conflict".

Diese Zeit war für mich emotional eine der schwersten, da sich meine damalige Freundin und jetzige Frau gerade von mir getrennt hatte. Die Einöde und Isolation des Camps ließen mein Herz bluten, und erst durch die Einnahme eines homöopathischen Mittels konnte ich über diese Krise hinauswachsen. Ein darauf folgender 3-monatiger Aufenthalt in China ließ mich meine Kenntnisse in Akupunktur vertiefen.

Als chinesische Soldaten verkleidet, auf der Ladefläche eines Schmuggler-LKWs verborgen, reise ich mit meinem amerikanischen Freund Gino 1000km von Lhasa nach China. Verhaftet und wieder freigelassen, erlebe ich die chinesische Okupation in Tibet mit all ihrer Macht. Ich bin überwältigt vom Glauben an die spirituelle Kraft vieler Tibeter. Diese Präsenz im gegenwärtigen Moment zu sein, trotz widrigster Umstände, ließ auch in mir eine neue Form der Wahrnehmung entstehen.

Ein mehrjähriges Training zum Qigong-Lehrer bei Dr. Gerhard Wenzel half mir, meinen eigenen Energiekörper und den von anderen Menschen besser zu verstehen und auch regulativ in gewissem Maße therapeutisch zu beeinflussen. G. Wenzel verstand und versteht es auf faszinierende Weise sein umfassendes Wissen über Qigong und die chinesische Medizin zu vermitteln. Das regelmäßige Üben von Qigong lässt meinen unruhigen Geist etwas zur Ruhe kommen und ich lerne, mehr nach innen zu schauen. Der Prozess der bewussten Verlangsamung meines sonst hektischen Rhythmuses, ist ein langer Weg und immer noch in Gange. Ich lerne, mich mehr auf Wesentliches zu fokussieren und erlebe die Freiheit, nicht auf „allen Kirchtagen" dabeisein zu müssen.

1991 begann ich mit meiner Ausbildung zum Facharzt für Zahnheilkunde und eröffnete danach eine naturheilkundlich orientierte Zahnarztpraxis in Klagenfurt.

Das Wissen, das ich auf meinen Reisen erworben hatte, versuchte ich so weit als möglich in die Zahnheilkunde zu integrieren. Meine Vision eines ganzheitlichen Therapiezentrums wurde 2004 von mir in die Realität umgesetzt. Der Umbau eines älteren Hauses nach energetischen Kriterien brachte ein Gebäude hervor, das den Besucher beim Betreten in eine andere Welt eintauchen lässt.

Im Sinne der Informationsarchitektur erschuf ich durch energetisch wirksame geometrische Muster, Kristalle und mentale Muster „Raumgitter", die über Resonanzprinzipien harmonikale und heilsame Strukturen entstehen lassen – ein so genanntes „resonanzoptimiertes Gebäude". Neben der ganzheitlich orientierten Zahnarztpraxis arbeiten im OASIS-Therapiezentrum praktische

This time was for me emotionally one of the worst. My then girlfriend (now my wife) had just left me. In the solitude and isolation of the camp, my heart was bleeding, and it was only through homeopathic remedies that I managed to get out of this crisis. I then went to China for 3 months, where I improved my knowledge of acupuncture. Dressed up as a Chinese soldier, hidden on the back of a smuggler's truck, I travelled with my American friend Gino 1,000 kilometers from China all the way to Lhasa.

I was arrested but released again, I witnessed the Chinese occupation of Tibet with all its force. I was overwhelmed by the belief of many Tibetans in their spiritual strength. This presence, also in these moments of terrible circumstances, to be, created in me a new form of realization.

My year-long training to become a Qigong teacher (I was taught by Dr. Gerhard Wenzel) helped my to better understand the energy- body of myself and other people. It helped to be capable of understanding and regulating energy fields. G. Wenzel has been able to pass on his immense knowledge about Qigong and Chinese medicine in an absolutely fascinating way. The regular exercises with Qigong made my restless spirit calm down, and I learned to look into my center. This process of consciously slowing down my otherwise rather hectic rhythm has been going on for a long time and is still underway. I am learning to concentrate on the important things in life, and meanwhile I don't have to be everywhere at the same time, anymore.

In 1991 I started my dentist training and soon opened my dental practice in Klagenfurt on basis of treatment by naturopathy.

To the extent possible, I tried to integrate all the knowledge that I gained during my travels into my work. Eventually, in 2004, I was able to realize my long-held dream – a holistic therapy center. The renovation work of our house according to energetic criteria transformed this home into a building where visitors, entering the house, submerge into a diffeent world.

With a view to informational architecture, I used energetically working, geometrical patterns, crystals and mental patterns to create a "room grid" which works on resonance principles and lets harmonics and healing structures develop. It is a so called "resonance optimised building". The OASIS-Therapy Center that I founded is now our holistic dental practice, and there are doctors, Shiatsu-, TCM-, music and color therapists, cosmeticians and body workers.

Ärzte/innen, Shiatsu- TCM- Musik- und Farb- Therapeuten/innen, Kosmetikerinnen, Masseure/eusen und Energetiker/innen.

Während meiner Ausbildung wurde ich immer wieder magisch von den tropischen Regenwäldern in Peru, Brasilien, Venezuela und Kolumbien angezogen, besuchte dabei viele Naturvölker und Stämme, deren Abgeschiedenheit, Naturverbundenheit und alte Traditionen im Konflikt zum nicht mehr aufzuhaltenden Einfluss der Zivilisation standen. Die Erkenntnisse einiger südamerikanischer Schamanen eröffneten mir ihre Sichtweise der Natur und des Kosmos.

Ich erinnere mich an ein Ayahuasca- Ritual im Urwald des Amazonas mit einem peruanischen Schamanen vor 19 Jahren. Die Geräusche des Dschungels, die Trommeln und schamanischen Gesänge in Verbindung mit der Heilpflanze Ayahuasca erzeugten ein einzigartiges Energiefeld, in dessen Wirkungsfeld ich eintauchen durfte um die Verbindung von Mensch und Kosmos zu erfahren. Das einfache Leben vieler Naturvölker im Urwald zeigte mir, wie komplex und hochgezüchtet unsere eigene Umwelt und unsere Bedürfnisse bereits sind. Obwohl diese Menschen in ständigem Konflikt mit alten Traditionen und neuen, sogenannten Zivilisationserrungenschaften sind, strahlen viele von ihnen eine große Zufriedenheit in bezug auf sich selbst und ihre Umwelt aus. Ich merke, wie klein meine großen Probleme sind, im Verhältnis zu den Umwälzungen, die ihnen bevorstehen. Der Amazonas gibt mir immer wieder die Möglichkeit zurückzuschalten, mein Leben durch Betrachten der Dinge, wie sie sind zu verändern und neue Richtungen einzuschlagen.

Immer wieder erlebte ich auf Reisen Menschen, die von einer so tiefen Spiritualität erfüllt waren, dass ich von ihnen magnetisch angezogen wurde. Aus der anfänglich regelrechten Sucht nach Abenteuer, Lust nach körperlichen Abenteuern jeglicher Art, wurde eine Suche nach dem Sinn, dem Unbekannten, Mystischen, Verborgenen, den unerforschten Kräften in mir.

In Indien besuchte ich mit meiner Frau Irene Sri HWL Poonjaji (Papaji) in Lucknow, einen über 80jährigen Meister des Seins, der die Kunst des Lebens im Hier und Jetzt lehrte.

Bei Poonjaji erfuhr ich die Kraft des Egos, meines Egos. Durch verschiedene Erlebnisse wurden mir meine Illusionen und Masken widergespiegelt. Die äußeren Schichten öffneten sich teilweise und ich bekam einen kleinen Blick auf mein eigentliches Wesen.

Throughout my entire studies I had always been magically attracted to the tropical rainforests in Peru, Brazil, Venezuela and Columbia. I visited many native people and tribes who, living in remote villages close to nature and old traditions, stood in stark contrast to the influence of civilization. The knowledge of some South American shamans gave me a glimpse of their view of nature and the cosmos.

I remember an Ayahuasca ritual in the jungle of the Amazon with a shaman from Peru, 19 years ago. The sounds of the jungle, the drums and shaman songs in union with the medicinal plant Ayahuasca combined to create a unique energy field. I was privileged to dive into that field in order to find out about the connection of mankind and cosmos. The simple life in the jungle showed me how complex and elevated our own environment as well as our needs have actually become. Even though these people are in a constant conflict with their old traditions and the new, so-called "achievements" of modern civilization, many of them carry with them an enviable state of satisfaction with their self and their immediate surrounding. I realized then how small my "big problems" actually were compared to the enormous changes that awaited them. Every time the Amazon provided me with the same opportunities -- to slow down my life by looking at things, how they really are, and move into new directions.

Over and over again I met people on my travels who radiated such deep spirituality that I quickly felt drawn towards them, as if by magnetic force. At the beginning it almost felt like an addictive fascination with adventure, a wanderlust for physical experience of any king. After a while, though, this urging became a search for the meaning of things, the unknown, the mystic, hidden, the unexplored powers inside myself.

In India, together with my wife Irene, I visited Sri HWL Poonjaji (Papaji) in Lucknow, a man of more than 80 years, a master of being. He taught the art of living - Here and Now.

With Poonjaji I experienced the power of the EGO, my EGO. It was through various experiences that my illusions and masks were reflected. The outer layers partly opened up, allowing my a glimpse into my actual being.

Verändert kehrte ich nach Hause zurück, musste aber nach einigen Monaten erkennen, dass ich trotzdem immer wieder in alte Muster zurückfiel. Amma Amritananda Mai und Sai Baba im Süden gaben uns einen Einblick in die Kunst der bedingungslosen Hingabe an die göttliche Kraft.

Die Kraft, die vom Berg Arunachala in Mahadaliburam beim Ashram von Ramana Maharshi ausgeht, muss man selbst erfahren und ist nicht in Worten auszudrücken. Wenn es magische Orte gibt, wo die Kraft der Visualisation und des Glaubens schnell umgesetzt wird, dann im Umfeld dieses heiligen Berges.

Mein Weg führte mich während einer meiner vielen Reisen nach Indien auch nach Auroville, ein Gebiet, in dem 40 Nationen in Frieden, nach den spirituellen Gesetzen von Paramahansa Yogananda und „the mother", leben.

Dr. S. Brijish Maha Avatar Babaji, der von Yogananda in seinen Büchern beschrieben wird, lebt in den Bergen des Himalajas im Norden von Indien. Er ist ein großer Arzt, Heiler, Lehrer und Avatar und begleitet und unterstützt uns immer wieder auf unserer Reise.

Wie stark die Kraft Gottes sein kann und welche unglaublichen Fähigkeiten ein Mensch besitzt, durften wir einigen Tage in Brasilien bei Thomas Green Morton, einem der größten parapsychologischen Phänomene erleben. Es ist schwer, das bei ihm Erlebte zu beschreiben, da es kaum zu glauben ist.

Bei John de Ruiter, einem Mann, der die Herzens-Wahrheit gefunden hat und sie in „meetings", einer Art workshop rund um die Welt weitergibt, durften wir viele persönliche Veränderungen erfahren. Seine Präsenz übte einen nachhaltigen Einfluss auf mein Wesen aus. So lernte ich im Laufe der Jahre viele Heiler und Schamanen, Medien und große Lehrer kennen, welche für mich zu einer Art Katalysatoren wurden und mein Leben und das meiner Familie ständig veränderten.

Ich habe dabei stets versucht aus den verschiedenen Kulturkreisen, die für mich entscheidende Essenz herauszufiltern und in mein Weltbild zu integrieren und es zu erweitern. Dies bedeutet nicht, dass diese Essenz für jeden momentan Gültigkeit haben muss, denn der objektive kritische Beobachter wird sich wiederum nur das herausholen, was für seine persönliche individuelle Entwicklung notwendig ist. Meine Reise hat vor 44 Jahren begonnen und wird immer interessanter, doch je mehr Antworten kommen, desto mehr Fragen tauchen auf. Ich weiß, dass ich im Grunde nichts weiß und doch ist alles in mir.

Totally changed I went back home. But after a few months I had to realize that I repeatedly fell back into my old behavioral patterns. Amma Amritananda Mai and Sai Baba allowed us to gain insight into the art of unconditional devotion and the divine power.

The power of the mountain Arunachala in Mahadaliburam, at the Ashram of Ramana Maharshi is beyond description – an experience you have to make for yourself. If there are magical places where the power of visualizing mind and spirit are quickly transmitted, it will be within the range of this holy mountain.

One of my many travels to India led me to Auroville -- an area where 40 nations live in peace, according to the spiritual rules of Paramahansa Yoganda and "the mother".

S. Brijish Maha Avatar Babaji, M. D., who is described by Yogananda in his books, lives in the mountains of the Himalaya, in the north of India. He is a great Medicine Doctor, Healer, Teacher and Avatar. He is joining and supporting us, over and over again, on our journey.

We were allowed to experience how strong the power of God can be, and which incredible skills a person can have during a short stay in Brazil with Thomas Green Morton. He is one of the greatest parapsycological phenomena. It is extremely difficult to describe what we experienced. It is simply hard to imagine, because he is able to change matter in front of your eyes.

With John de Ruiter, a man who realized the "truth of the heart" and who passes this on around the globe in his many workshops, we experienced many personal changes. His presence influenced our soul very thoroughly. So, over the years, I got to know a lot of people, Healers, Shamans, Medias and great Teachers, who all served as a kind of catalyst for me and who all have changed my life, as well as the life of my family, time and again.

I have always tried to sort out the essence from all the different cultures, to integrate it into my weltanschauung, and to widen my horizon. This does not mean that this essence is valid for anybody at the moment, because any critical mind watching objectively will only pick up what is needed for one's own personal development. My journey began 44 years ago, and it is becoming more and more fascinating. But the more answers I obtain, the more questions seem to surface. I know that, essentially, I don't know anything – but everything is within me!

Wenn es Dein tiefster Wunsch ist, bewusst Schöpfer zu sein,
wirst Du erkennen, dass Du Dir Deine Grenzen selbst auferlegt hast.
Lege sie ab, damit Du wieder all-eins sein kannst.

Die Natur strahlt das Bewusstsein aus, All-Eins zu sein.
Verbringe Zeit in der Natur!

If it is your sincerest desire to be a conscious creator,
you will discover that you yourself have imposed those restrictions on you.
Abandon them so that you can once again be complete within yourself.

Nature radiates the consciousness to be complete within itself.
Spend your time within nature!

13

Wird geistig fokussierte Kraft in Materie konzentriert,
reichert sie sich in Materie an.

If mentally focused power is concentrated in matte
it is enriched with matter.

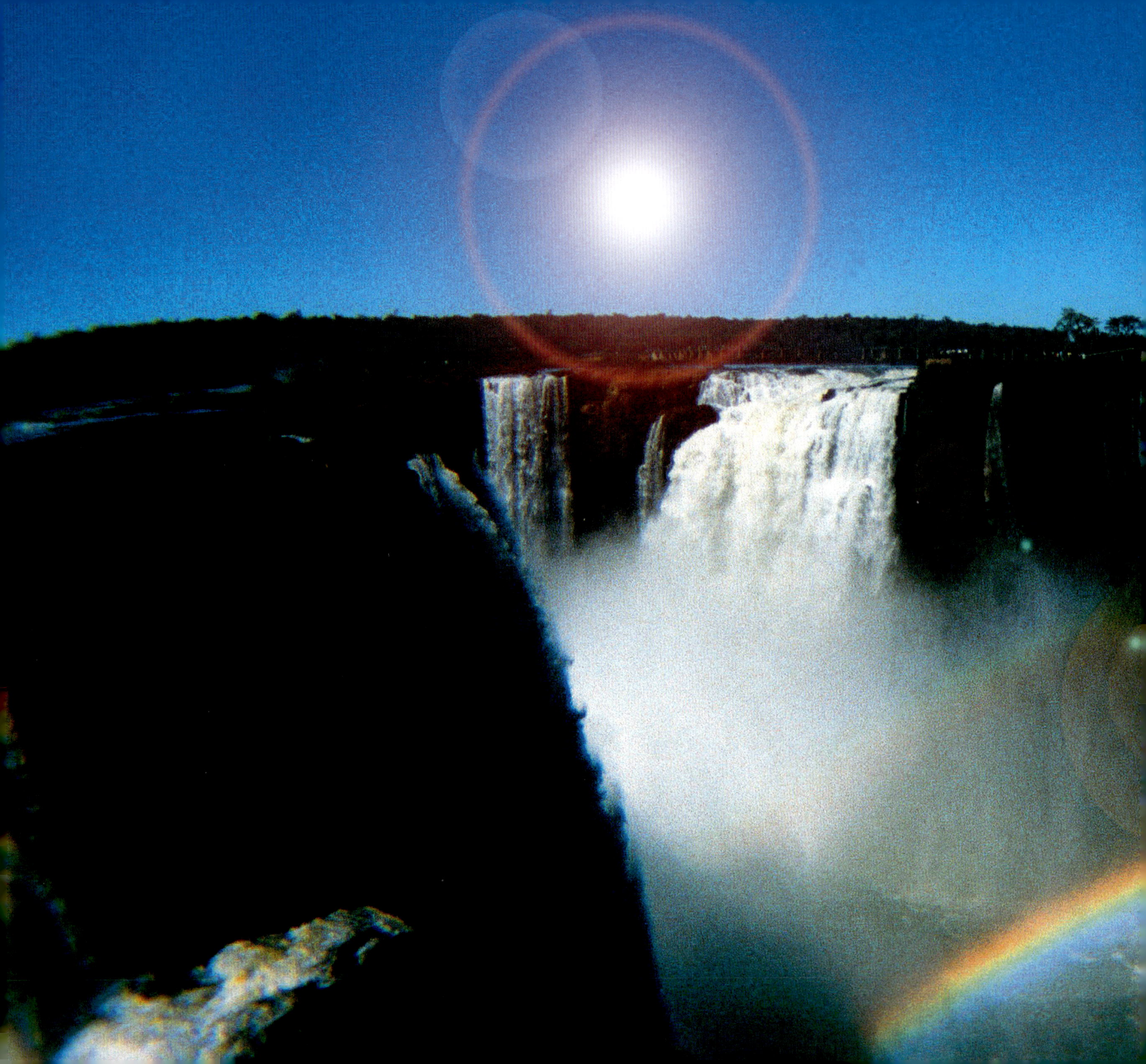

Das DENKEN kann als engergetischer
Strom betrachtet werden.

THINKING can be regarded as energetic current.

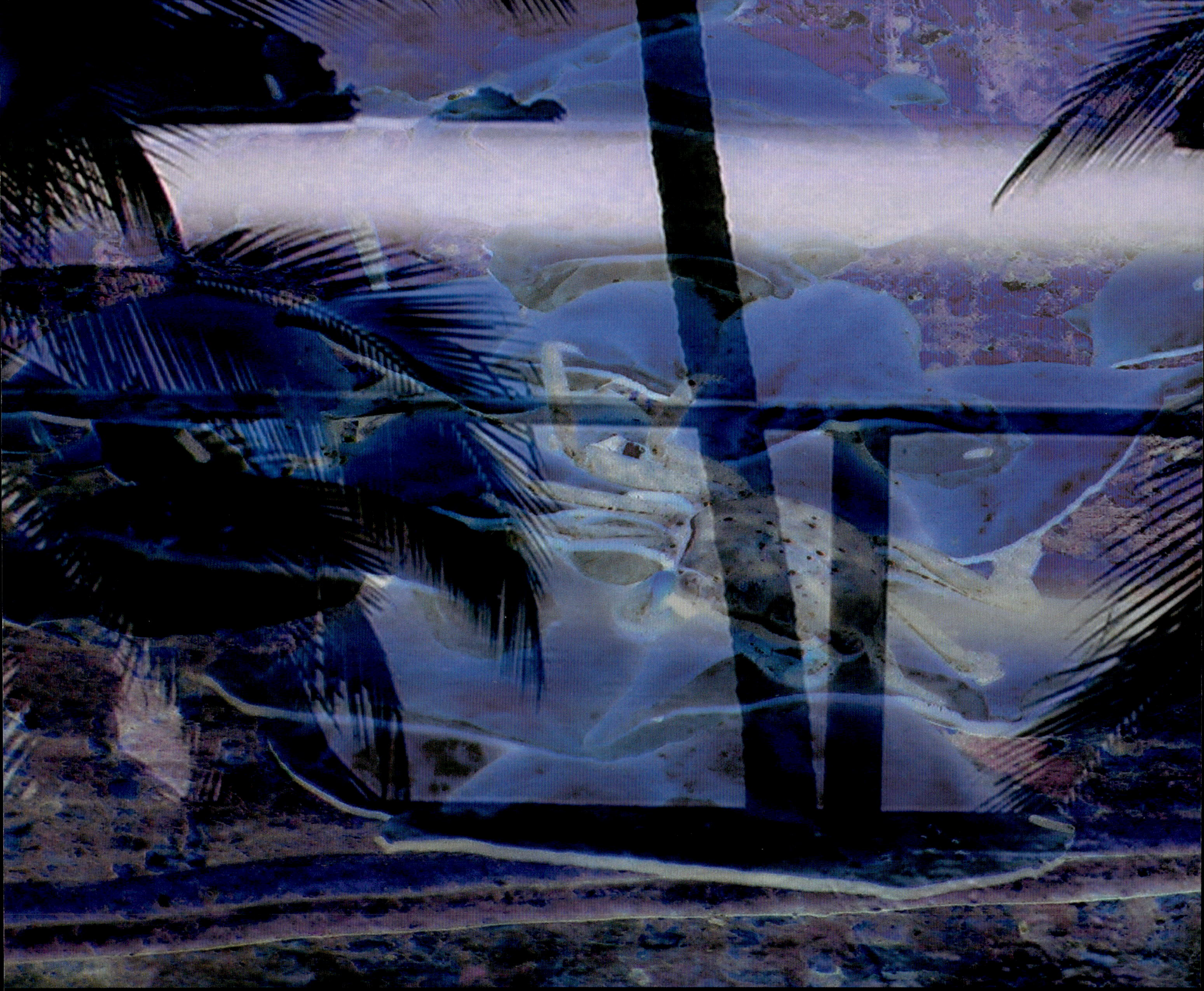

Würde man Dich elektromagnetisch scannen,
würdest Du als eine Zusammensetzung von
verschiedenen Wellen erscheinen, eine komplexe
geometrische Struktur von Mustern,
charakteristisch für jeden einzelnen von uns.

If you were electro-magnetically scanned,
you would appear as a composition of different waves,
a complex geometric structure of patterns
typifying each and every one of us.

Gedanken schaffen REALITÄT.

Thoughts create REALITY.

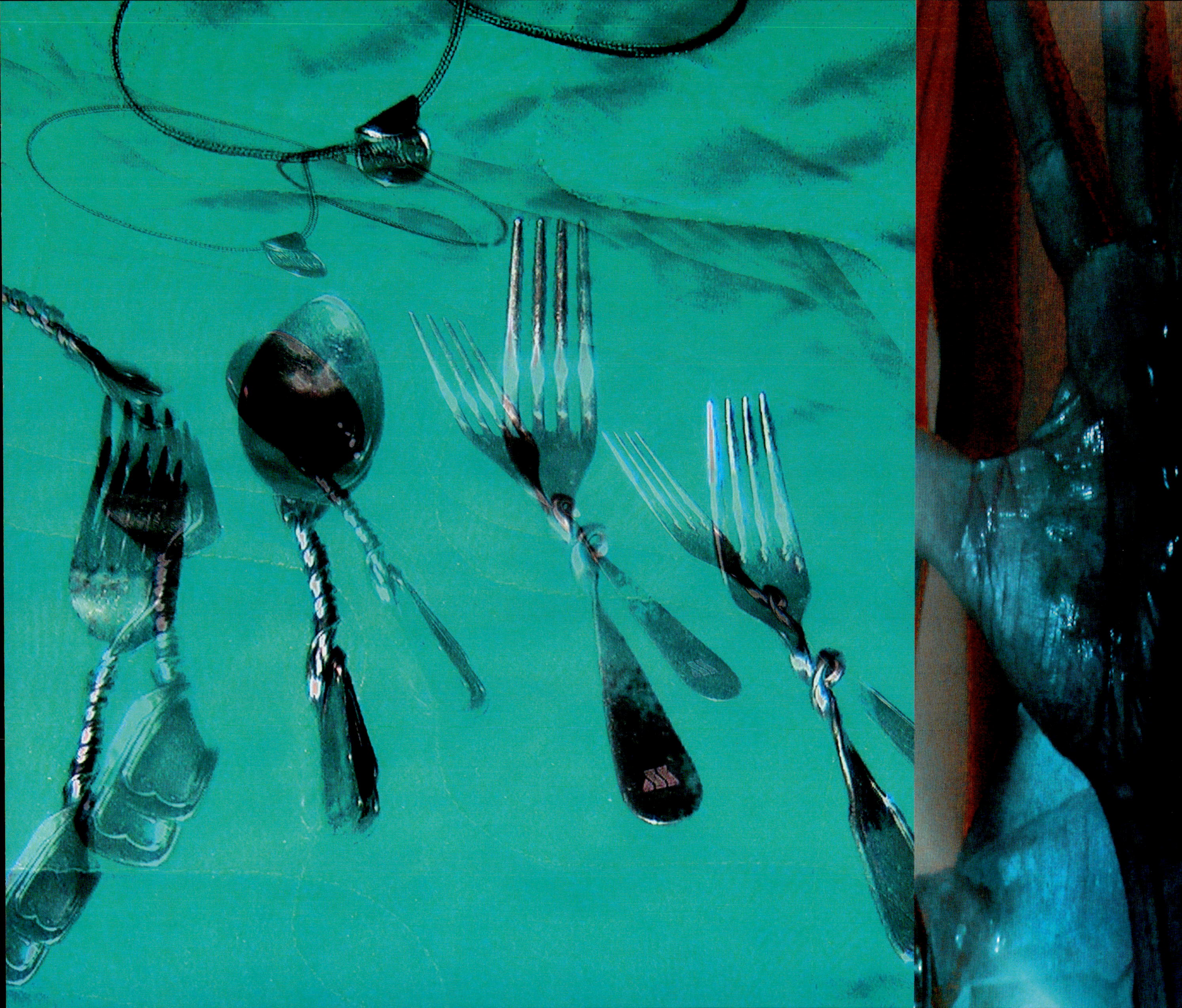

22

Die Realität wird nach meinen Vorstellungen gestaltet.
Die ausführende Kraft ist der Wille.

Reality is formed according to my imagination.
The implementing power is the will.

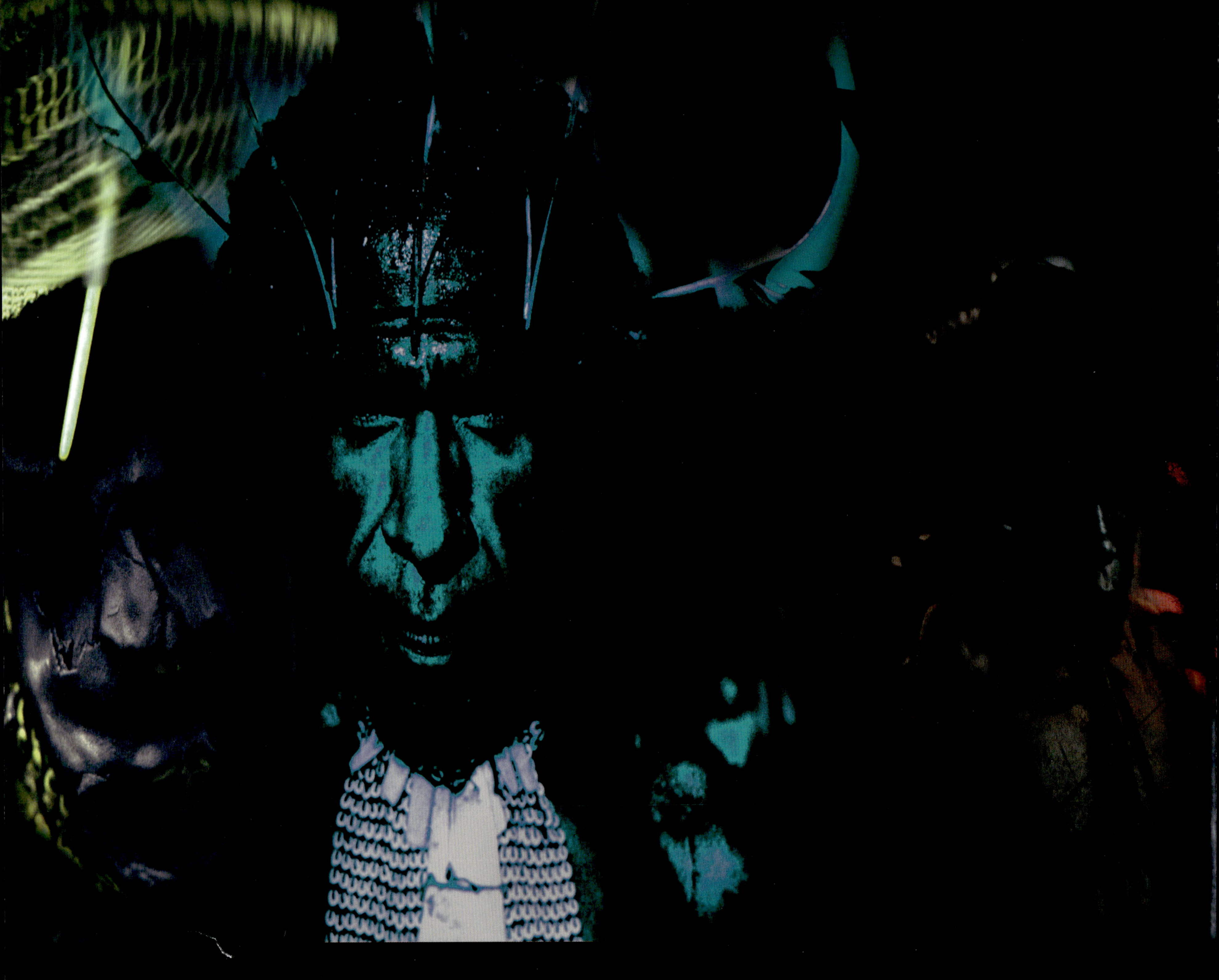

Bewusstsein verknüpft die Energien
des Geistes mit der materiellen Realität.
Materie ist der sinnlich erfassbare
und spürbare Geist,
entstanden aus einer Urformenergie.

Consciousness links the energies
of the mind with material reality.
Matter is mind captured and experienced
through our senses
that emerged from archetypal energy.

Aus Virtualität wird Realität.

Der virtuelle Zustand ist ein Realitätsgenerator.
Freie Elektronen werden „verfestigt" und bilden Materie.
Aus virtuellen Zuständen werden reale
Photonen und Kraft.

Virtuality becomes reality.

The virtual state is a reality generator.
Free electrons turn into "consolidated" matter.
Virtual states become real
photons and power.

27

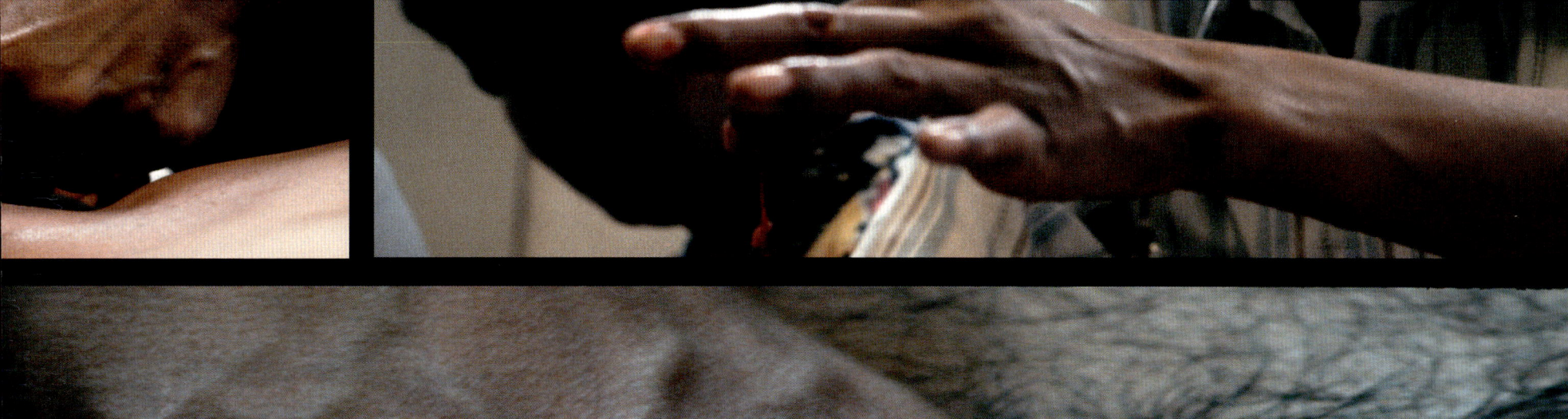

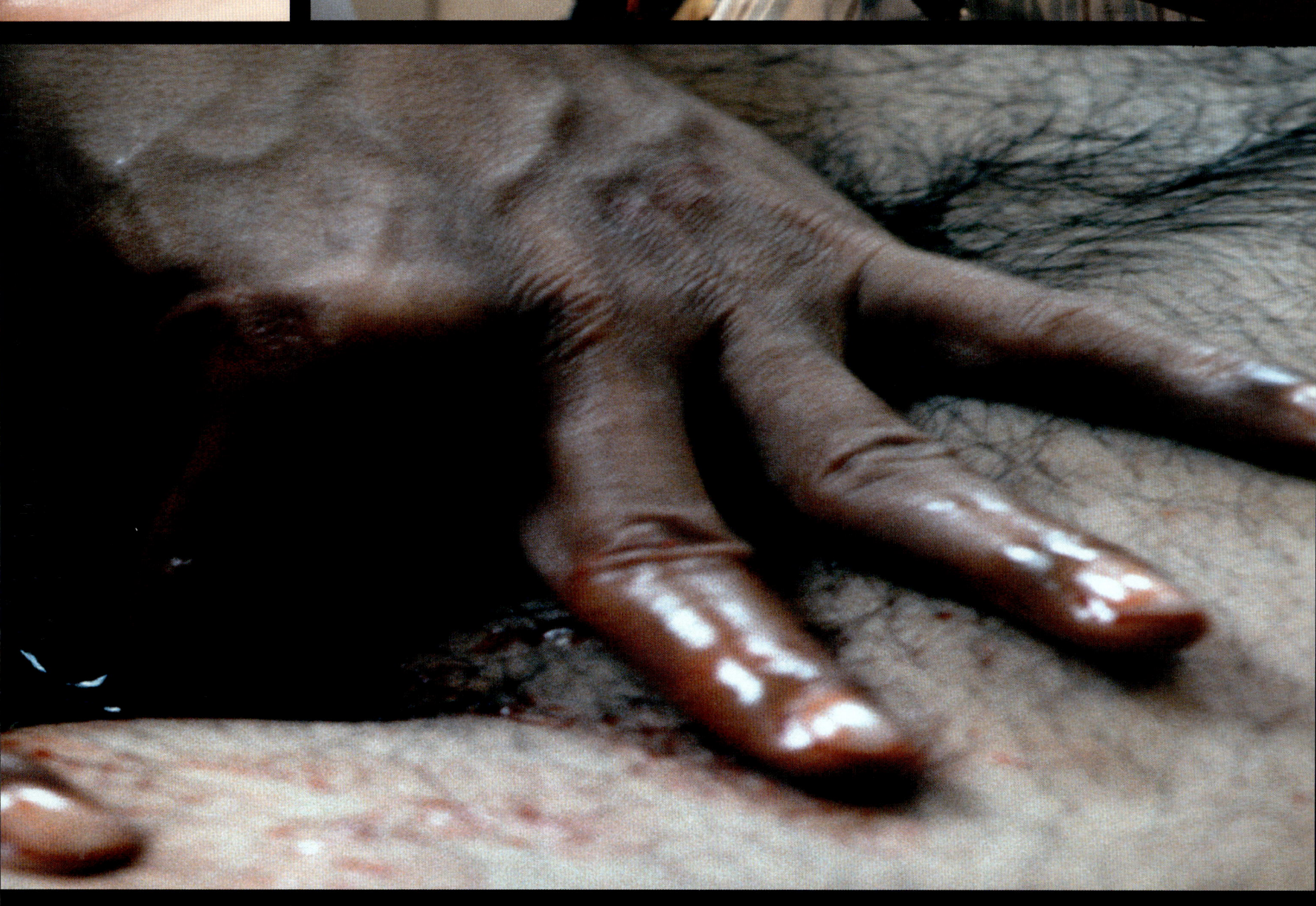

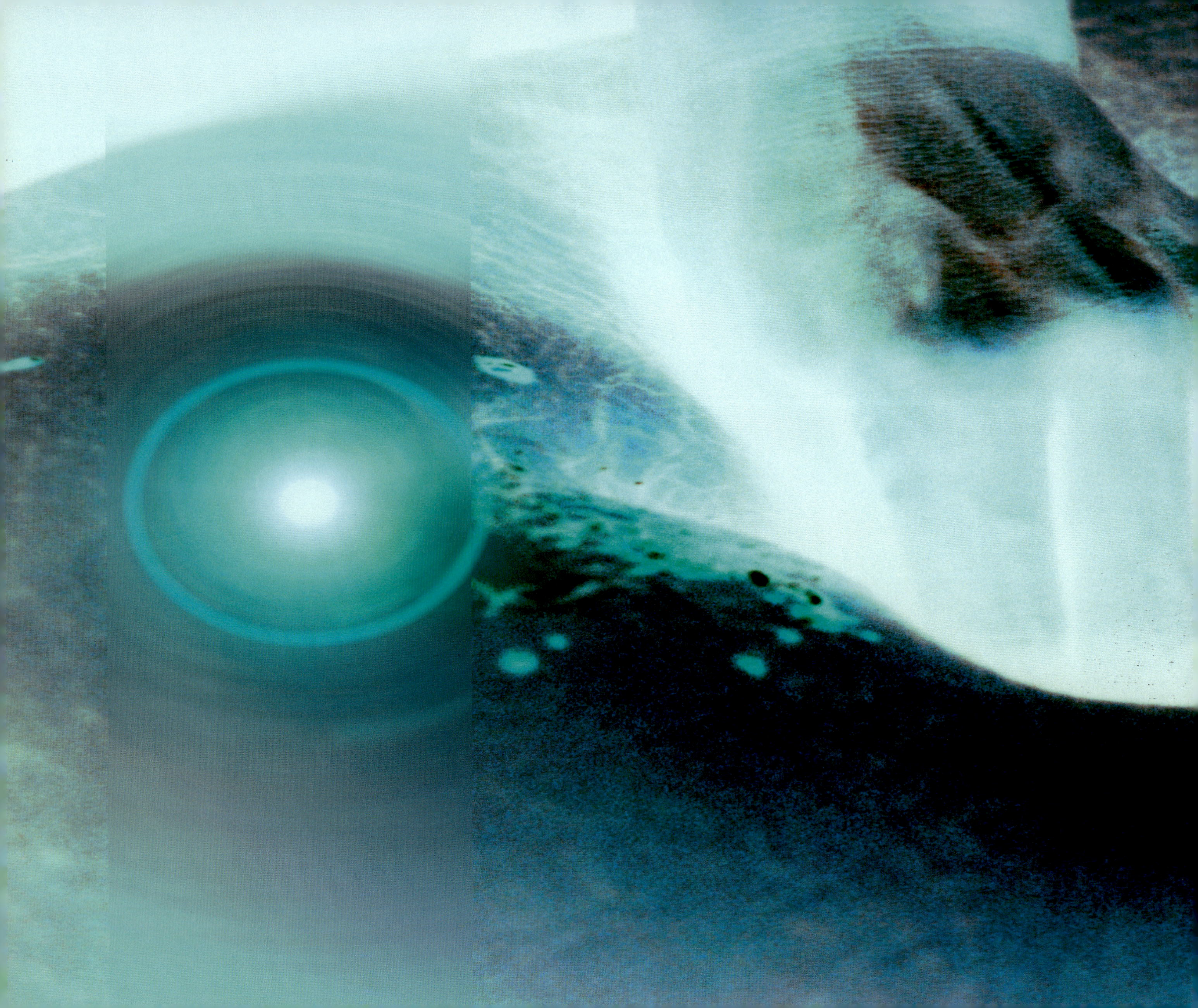

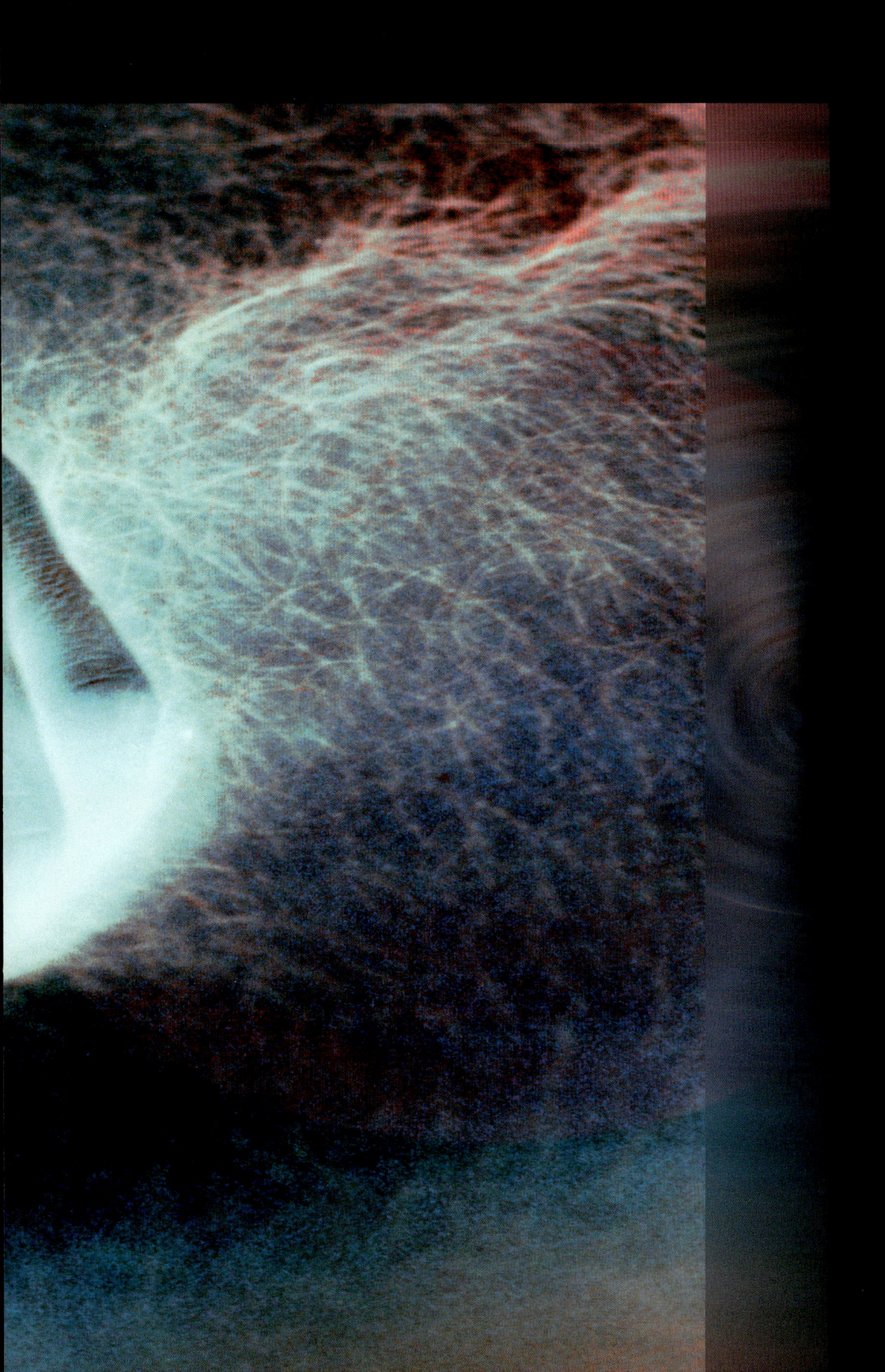

Wir bestehen zu 99,99% aus Leere!
(0,001% Masse)

In dieser Leere wirken durch
Schwingungen verursachte Kräfte.
Die Leere enthält den Raum der
wahren Wirklichkeit.

Almost 99.9% of our composition
is emptiness! (0,001% mass)

In this emptiness powers
caused by vibrations prevail.
Emptiness contains the room
of the real truth.

Wenn ein Atomkern so groß wie ein Fußballfeld wäre, würde das nächste Elektron
10 km davon entfernt sein. Dazwischen ist „leerer Raum" – Vakuumenergie.

If an atomic nucleus were as large as a football field, the next electron would be
10 kilometers away. In between lies "empty space" - vacuum energy.

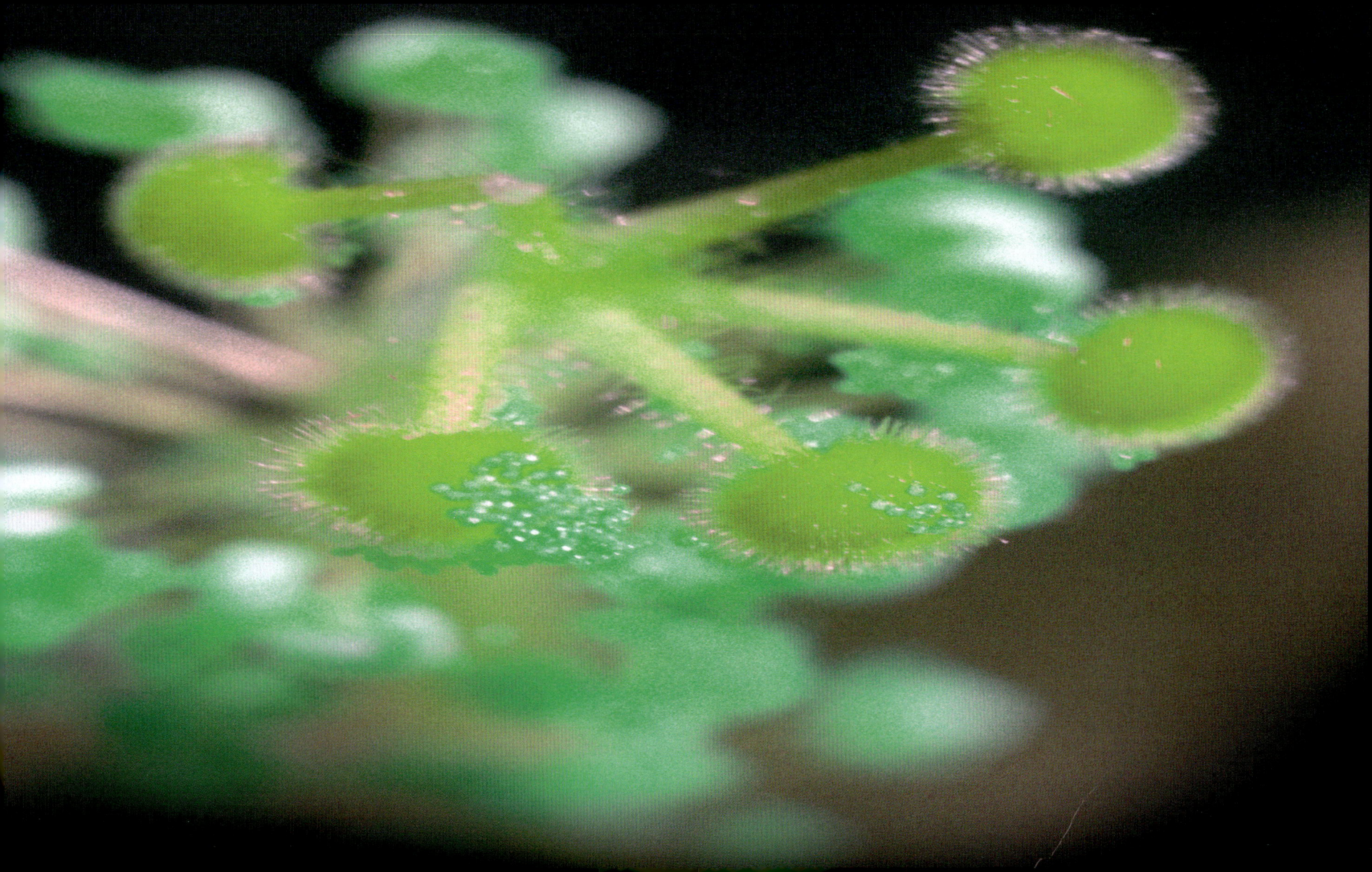

Der Raum zwischen den Materieteilchen ist das „Meer der Potentialitäten".

The space between the particles of matter is the "Sea of Potentialities."

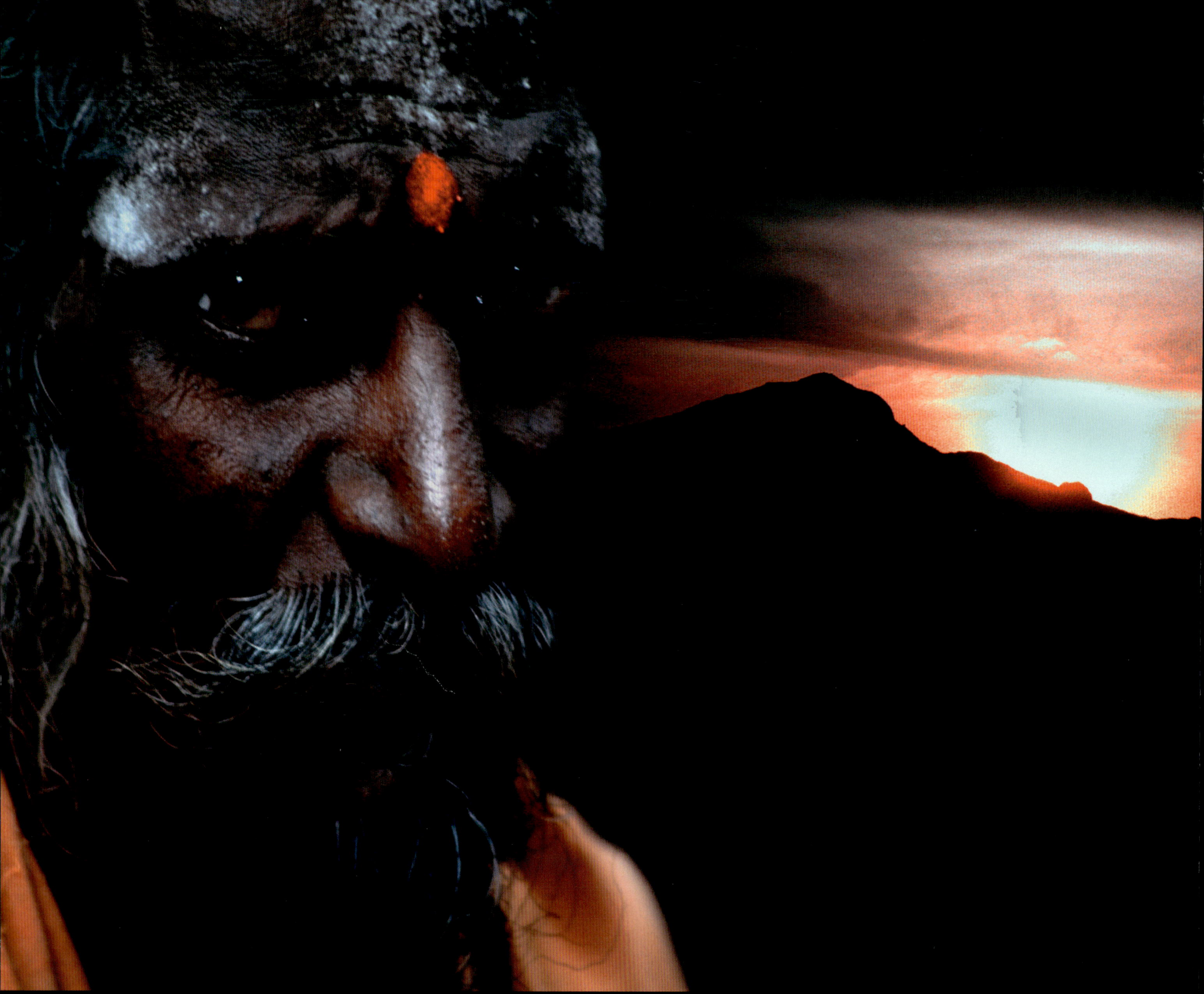

Das Gehirn ist wie ein Transformator,
der über den Geist Information aus dem kosmischen Feld herausholt.

The brain is like a transformer
which gathers information from the cosmic field through the mind.

Die Energie folgt der Aufmerksamkeit.
Die Energie folgt dem Fokus.
Die Energie folgt Dir.

Energy follows attention.
Energy follows focus.
Energy follows you.

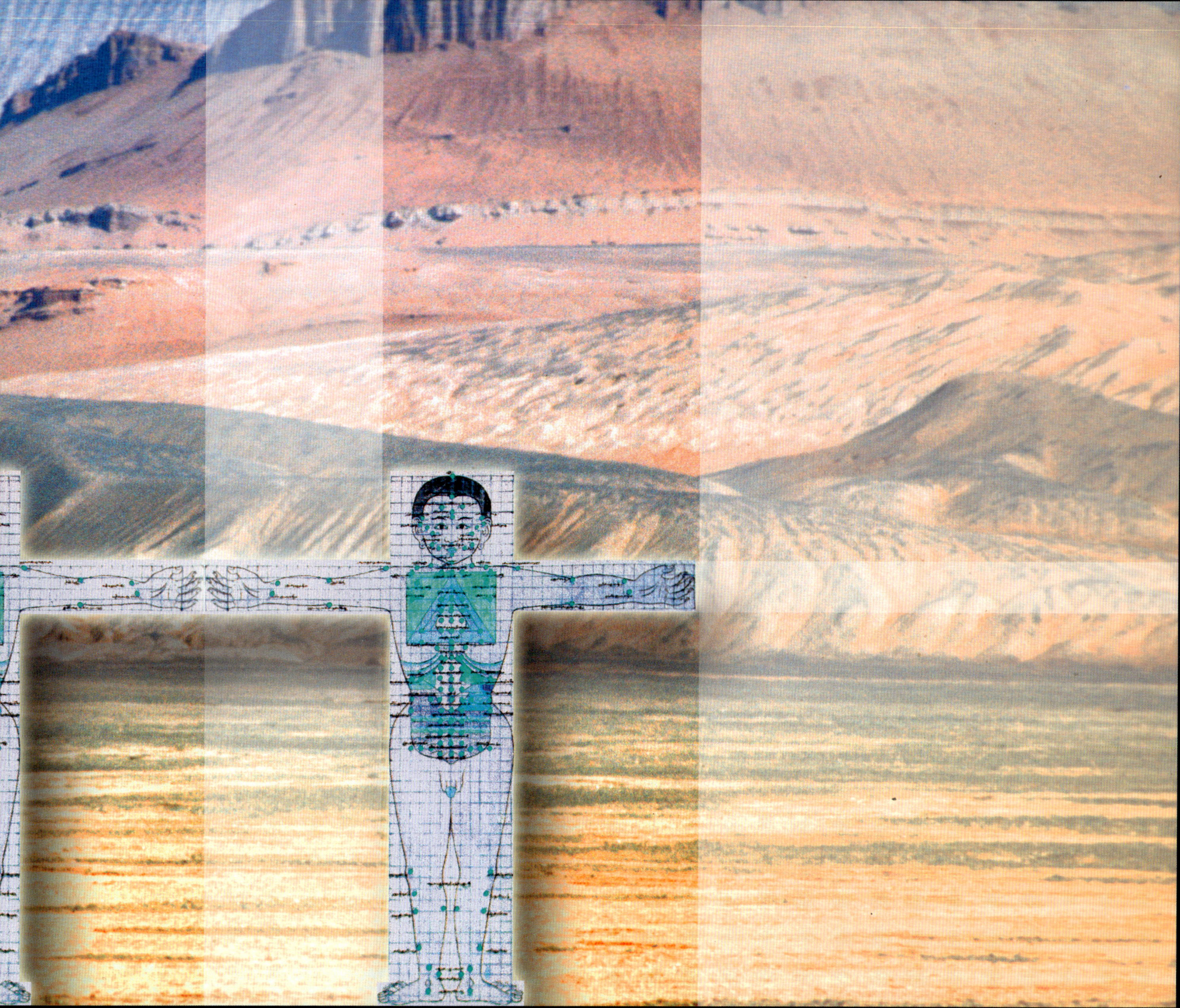

Deine Glaubenssätze
und deine Art des Denkens
erschaffen deine Realität.

Your beliefs and your way
of thinking create your reality.

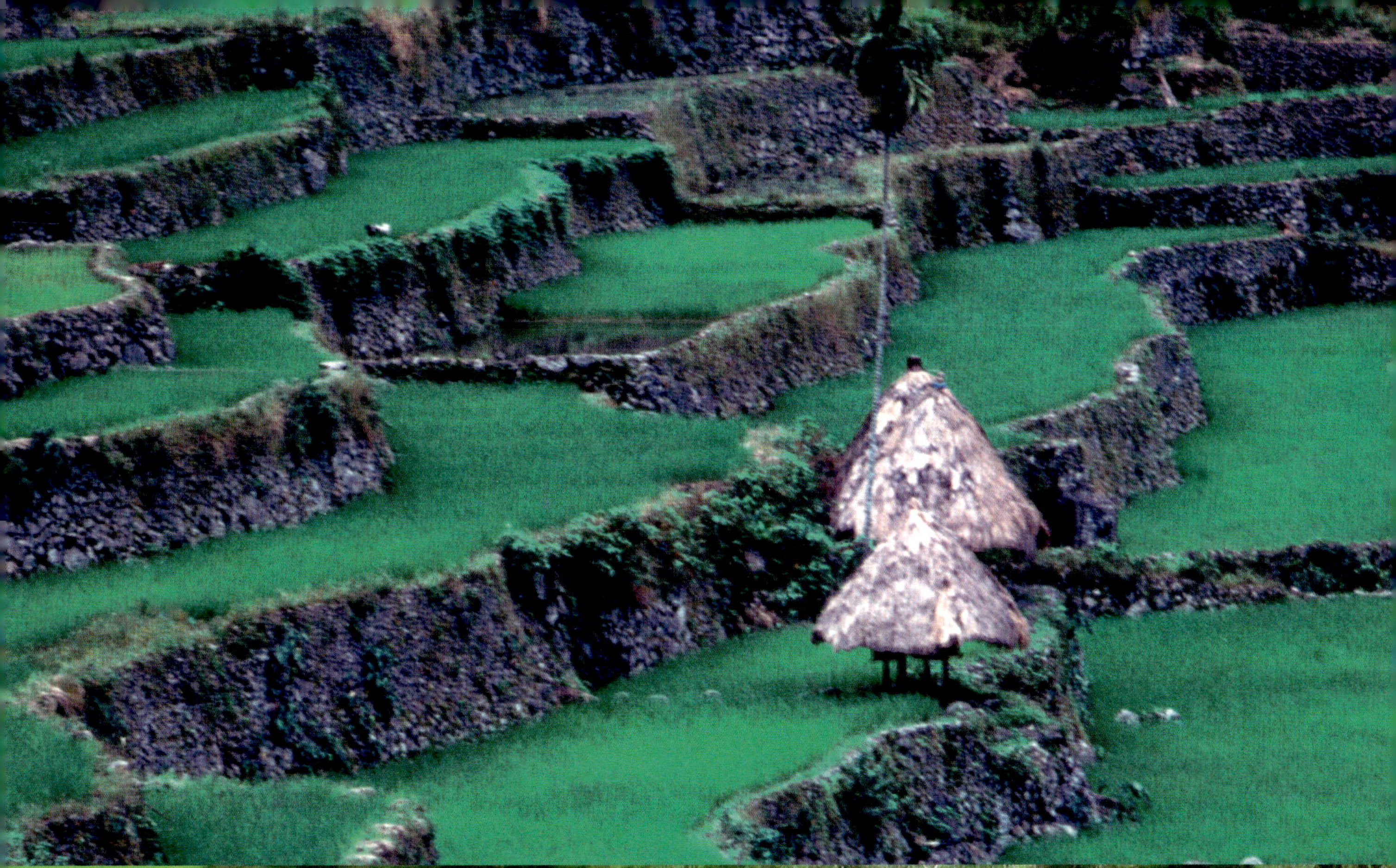
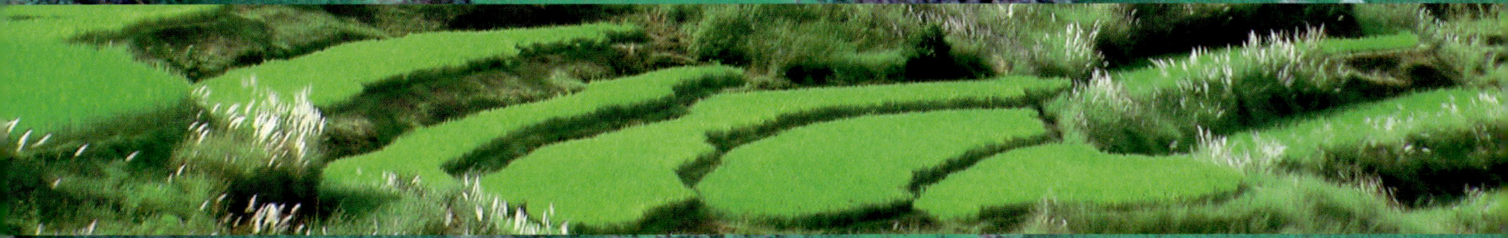
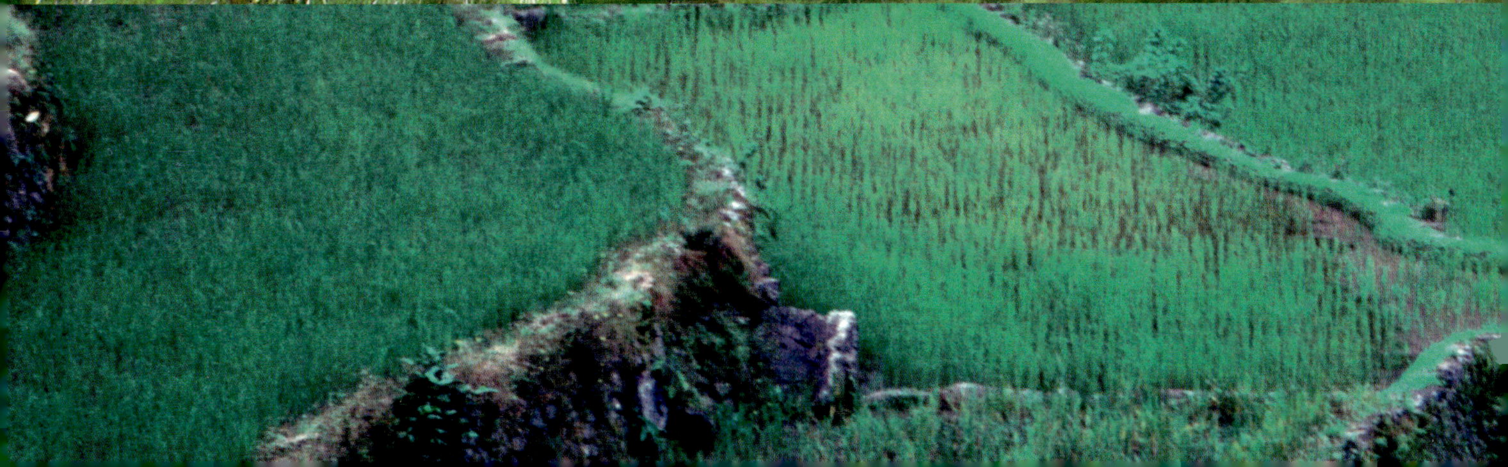

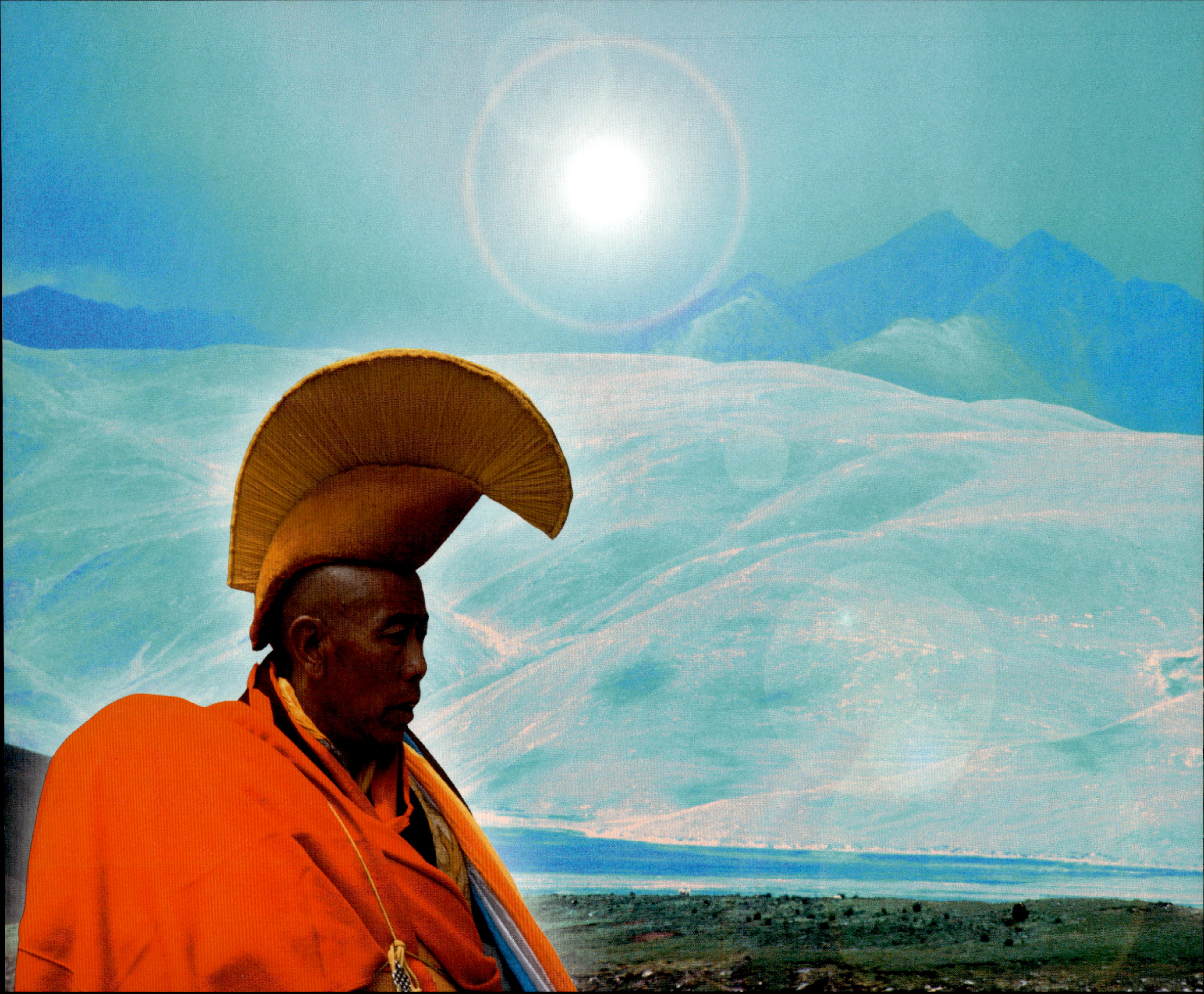

Wird geistig fokussierte Kraft in Materie konzentriert, reichert sie sich in Materie an.
Ich bin, was ich aus mir mache!
Der Glaube schafft Realität durch QUANTEN!

If mentally focused power is concentrated in matter it is enriched with matter.
I am what I make of myself!
Belief creates reality through QUANTAM!

Leben ist Wandel.

Verändern wir unser Bewusstsein
(Werte, Einstellungen, Muster etc.)
verändern wir auch die Welt um uns herum,
unsere direkte Umgebung.
Veränderungen sind nur durch Lernprozesse erreichbar.
Wir lernen meist nur durch Leid (Schicksalsschläge, Schock,
Freude etc.) also intensive Gefühlszustände,
durch die wir alte Muster loslassen können
und neue Erkenntnisse gewinnen
und so an Erfahrung wachsen.

WACHSTUM an ERFAHRUNG und BEWUSSTSEIN erfolgt
auf physischer, emotionaler, mentaler und geistiger Ebene

Life is change.

If we change our consciousness
(values, attitudes, behavioral patterns, etc.),
we will also change the world around us,
our direct surroundings.
Changes may be achieved through learning processes only.
For the most part we learn through suffering
(strokes of fate, shock, happiness etc.) – that is through
intense emotional events which allow us
to release old behavioral patterns and gain new insights,
thus growing through experience.

GROWTH, EXPERIENCE and CONSCIOUSNESS take place
on physical, emotional, mental and spiritual levels.

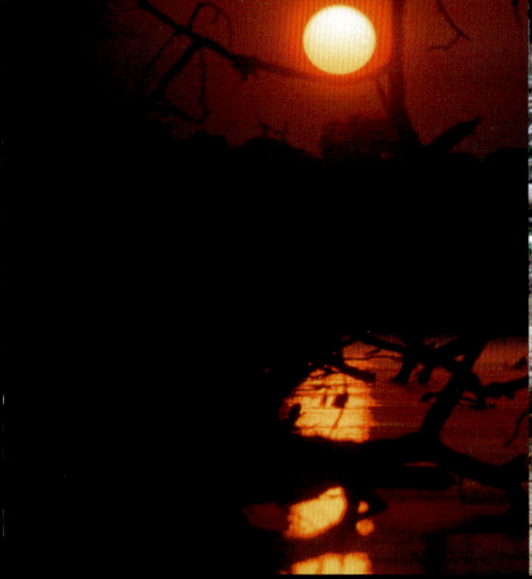
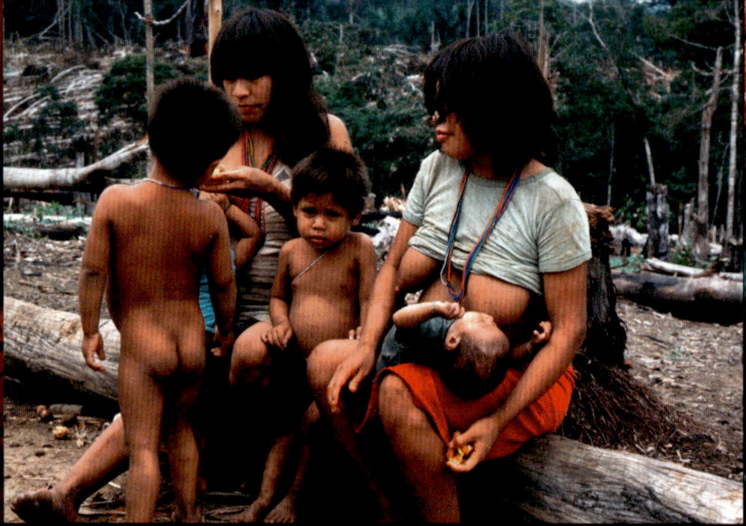
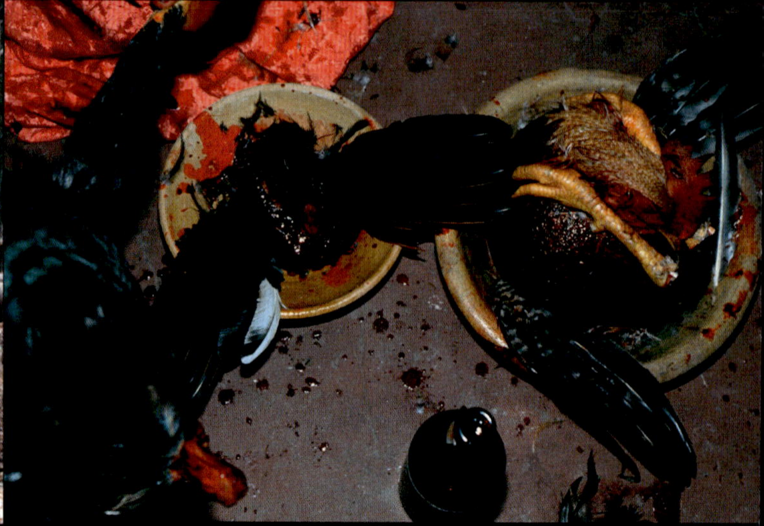
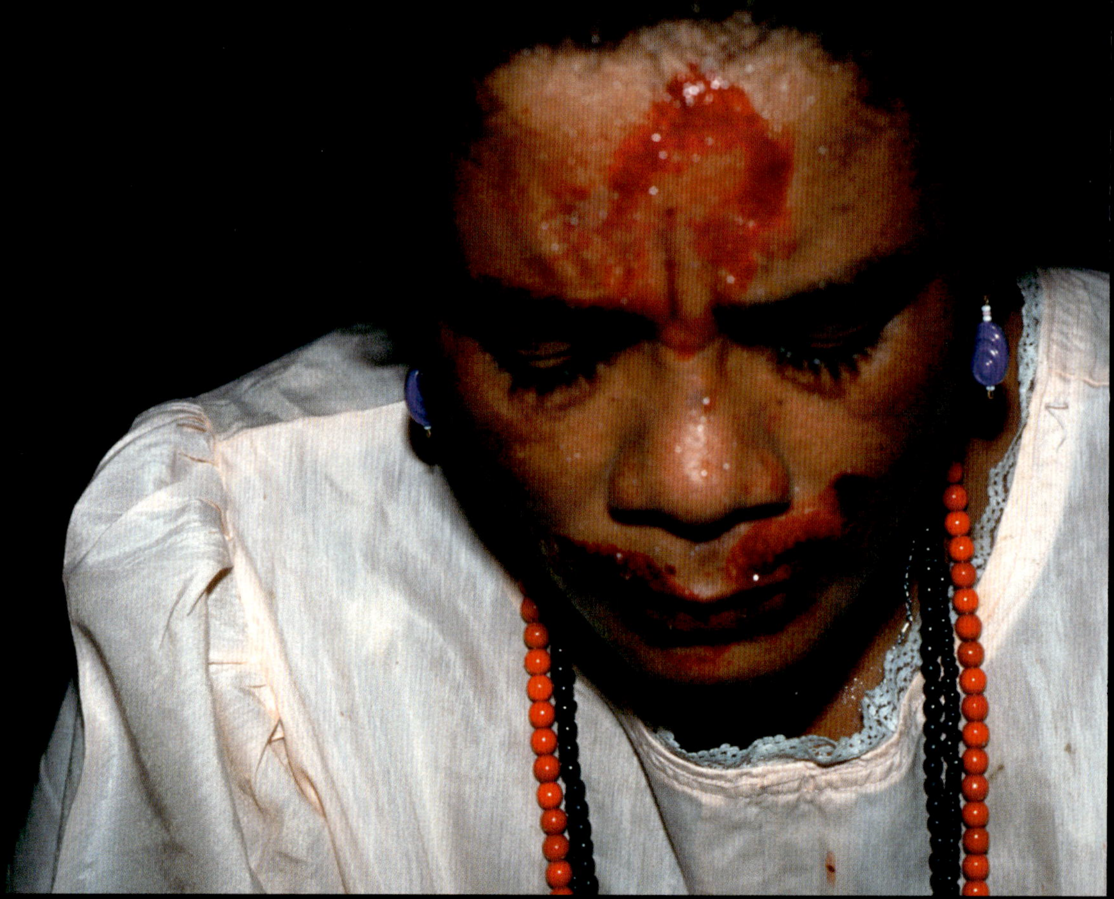

Deine Beurteilung wer Du bist bestimmt direkt Deine Denkweis

Your assessment of who you are directly determines your way of thi

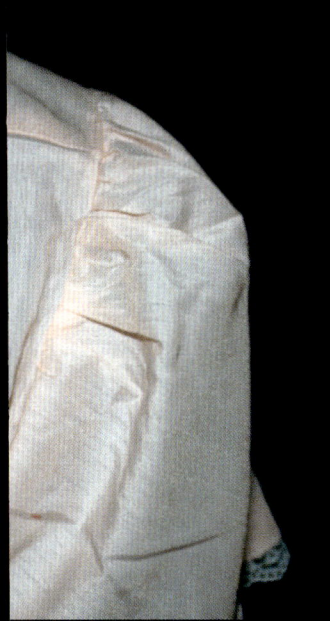

Eingeprägte Verhaltensweisen,
Gedankenmuster und Überzeugungen
sind energielose Substrate, die uns
Kraft rauben und eine Scheinwelt kreieren.
Sie halten uns davon ab,
unser Leben so zu leben, wie wir eigentlich
aus unserer Kraft heraus könnten.

Memorized patterns of behavior,
thoughts and convictions are substrates
lacking energy that deprive us of power
and create an illusory world.
They prevent us from living our lives
in a way that we would presumably
be able to live relying on our power within.

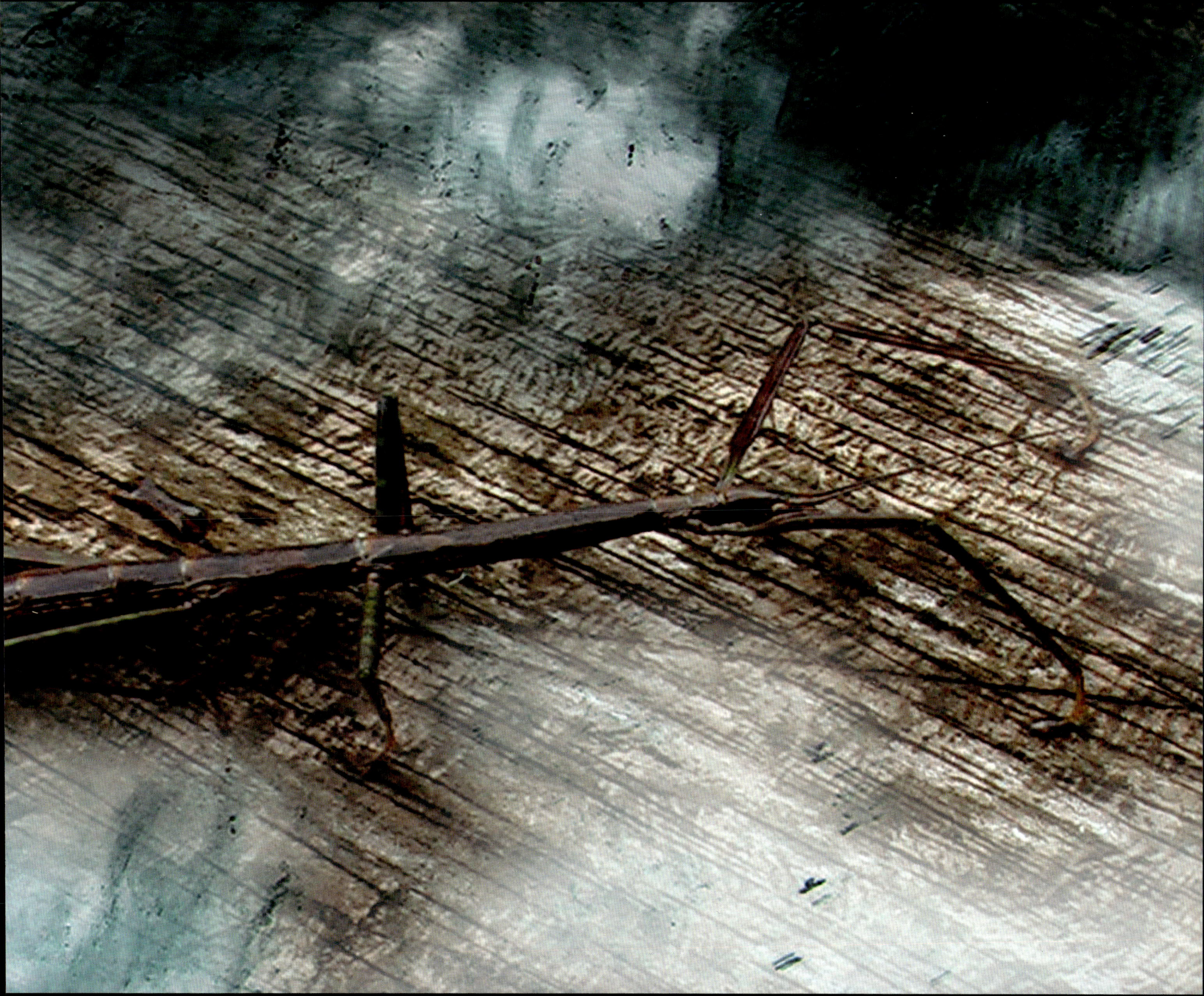

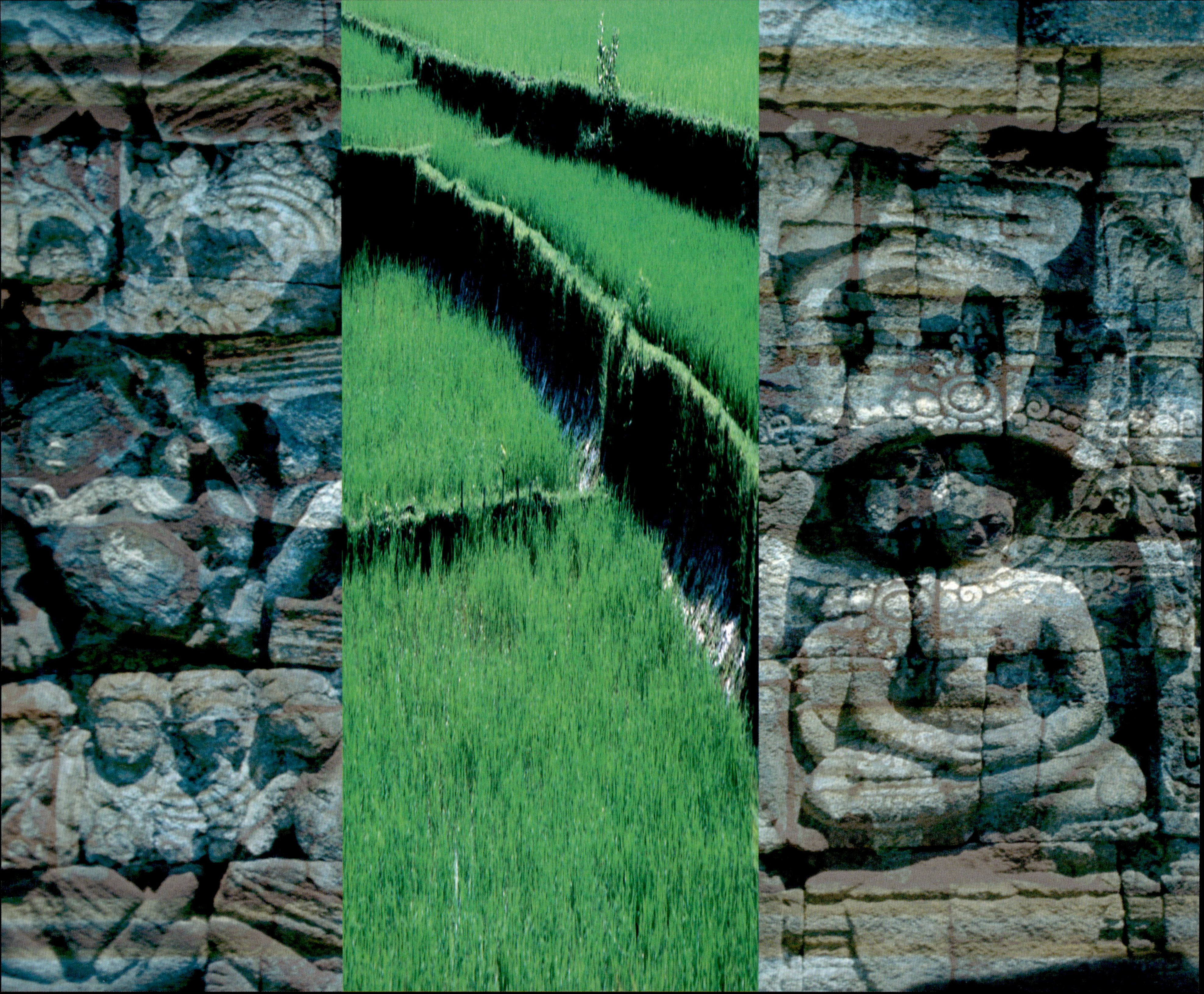

Es ist außerordentlich schwer zu erkennen,
dass du, und nur du, für deinen eigenen
Lebensplan und die Erschaffung deiner
Realität verantwortlich bist.

It is extremely difficult to realize
that it is you - only you – who is responsible
for your own life plan and the creation of
your reality.

Du brauchst niemanden, der dich gehen lässt.
Du brauchst keine Zustimmung um geliebt zu werden.
Du bist was du bist, mit und ohne Zustimmung deiner Umwelt.
Du kannst gehen oder bleiben, aber sei dabei du selbst.

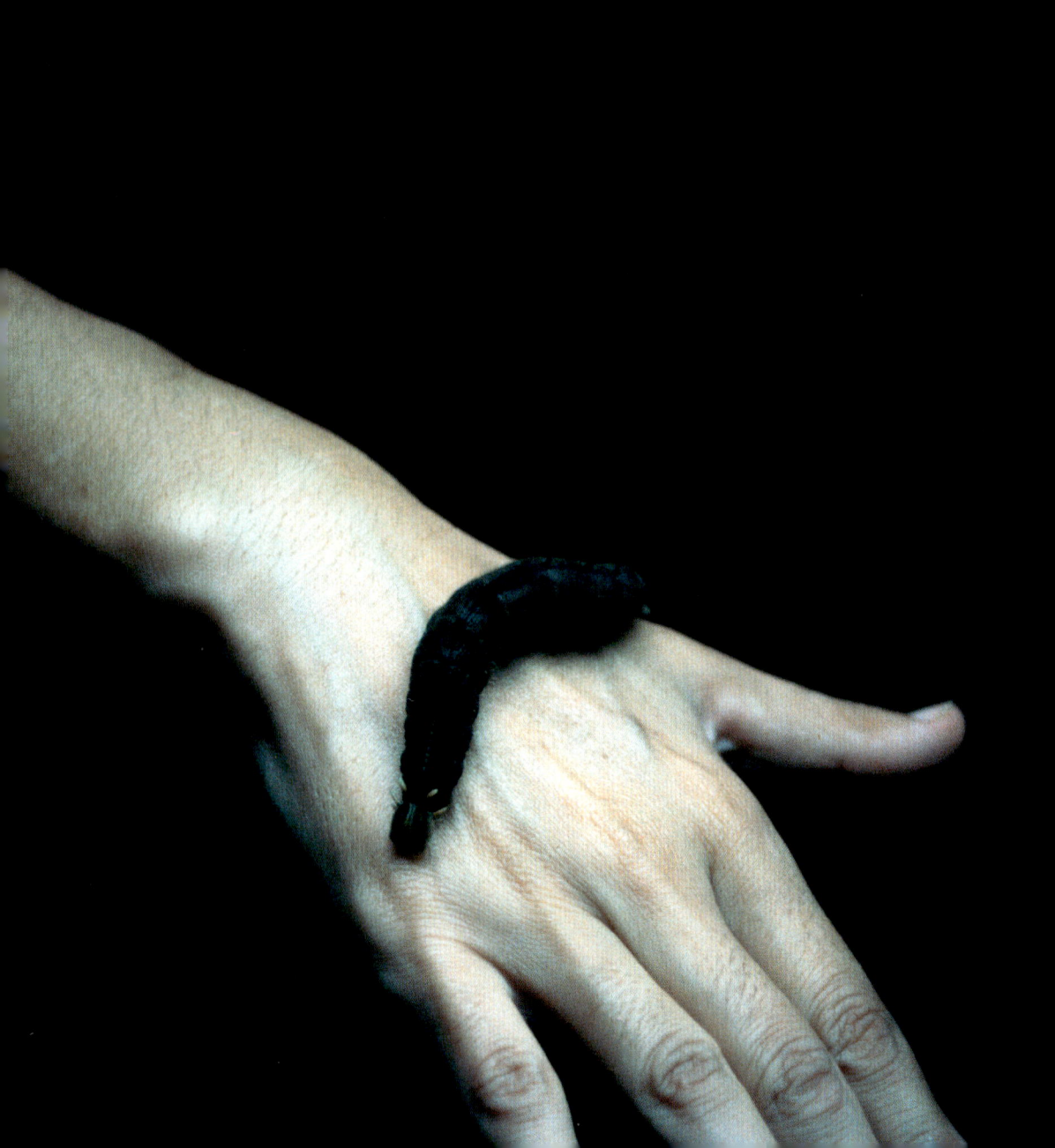

You don't need anybody to let you go
You don't need any approval to be loved you are what you are.
With or without approval by those around you.
You may leave or you may stay, but remain true to yourself.

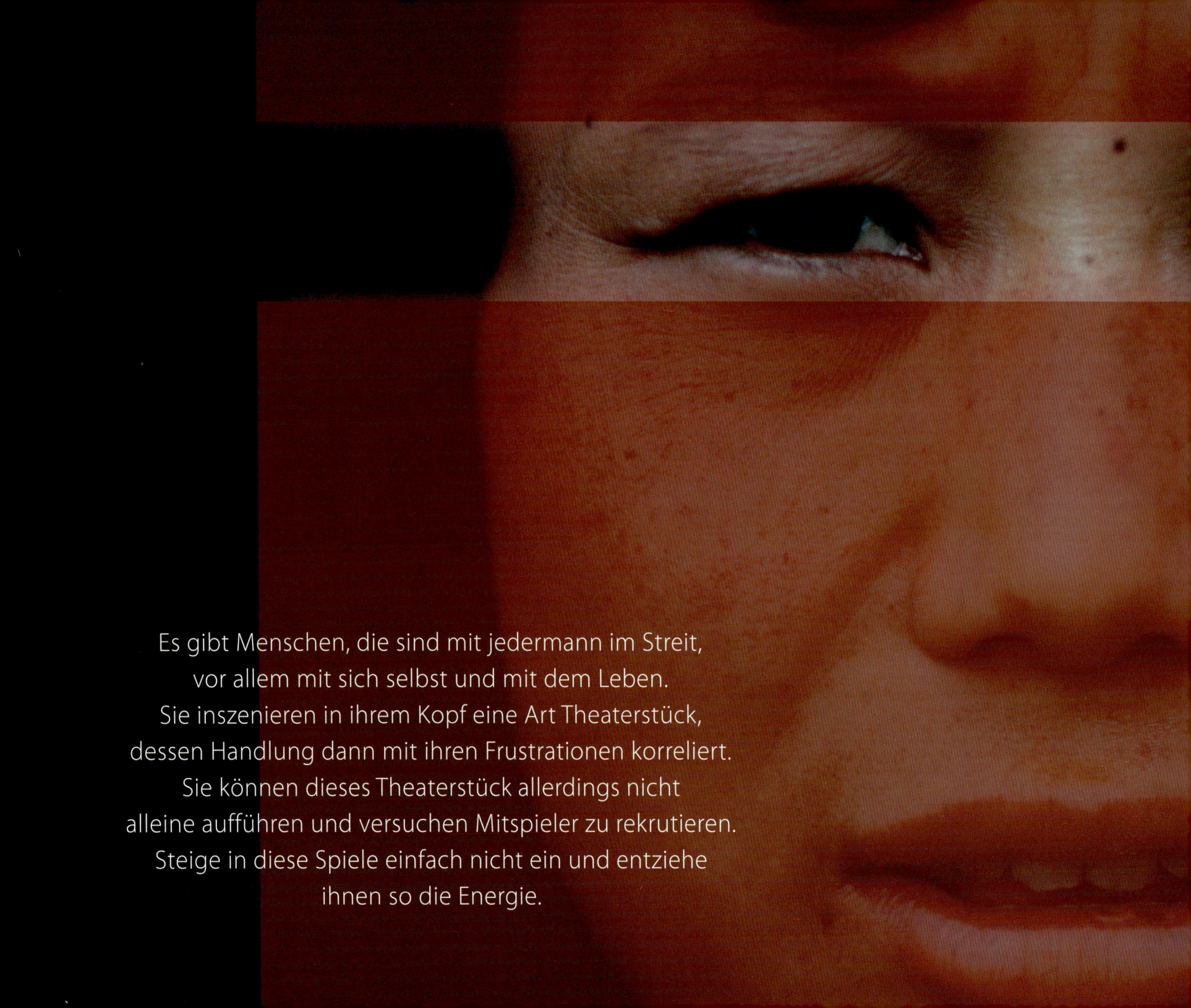

Es gibt Menschen, die sind mit jedermann im Streit,
vor allem mit sich selbst und mit dem Leben.
Sie inszenieren in ihrem Kopf eine Art Theaterstück,
dessen Handlung dann mit ihren Frustrationen korreliert.
Sie können dieses Theaterstück allerdings nicht
alleine aufführen und versuchen Mitspieler zu rekrutieren.
Steige in diese Spiele einfach nicht ein und entziehe
ihnen so die Energie.

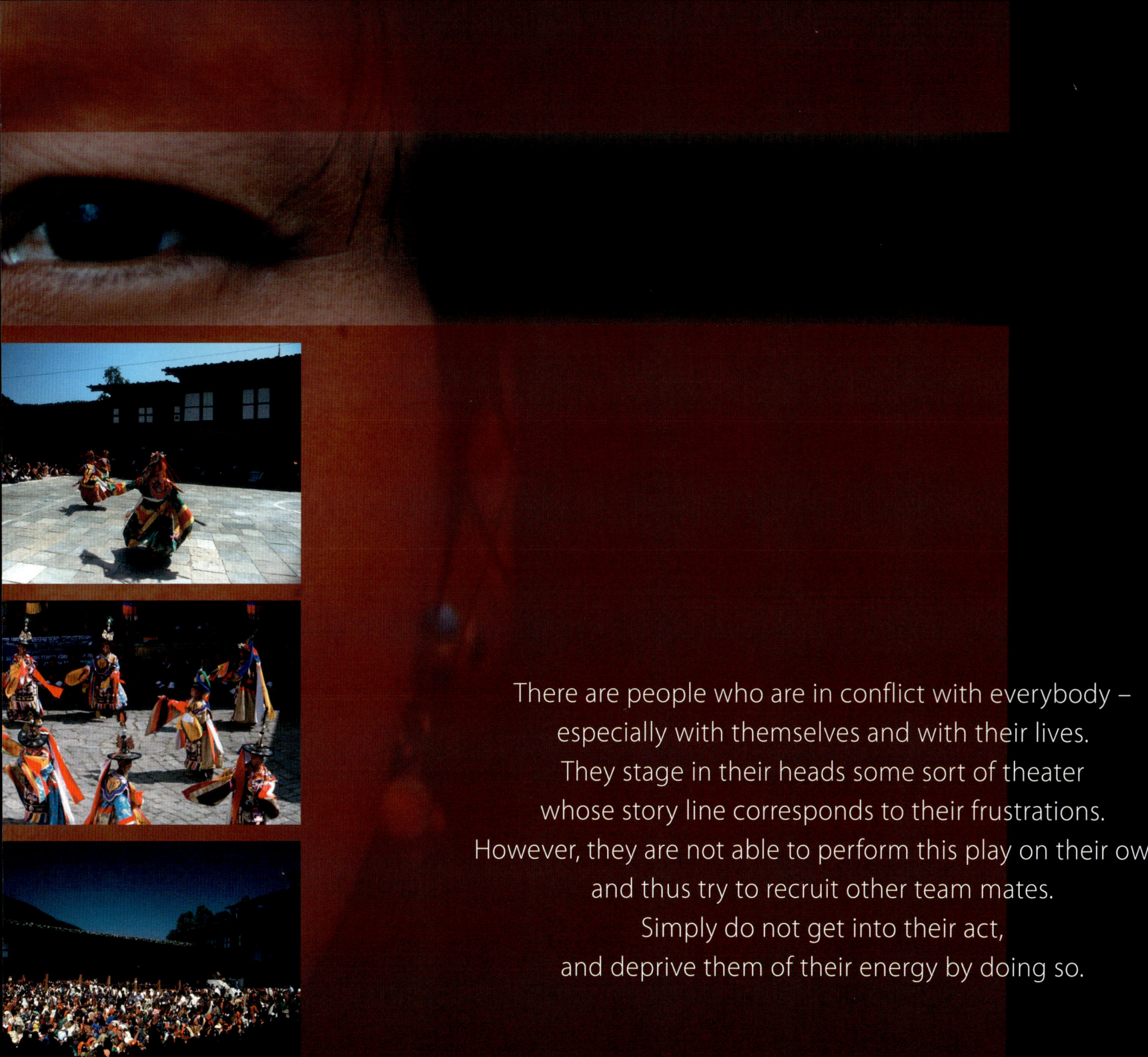

There are people who are in conflict with everybody –
especially with themselves and with their lives.
They stage in their heads some sort of theater
whose story line corresponds to their frustrations.
However, they are not able to perform this play on their ow
and thus try to recruit other team mates.
Simply do not get into their act,
and deprive them of their energy by doing so.

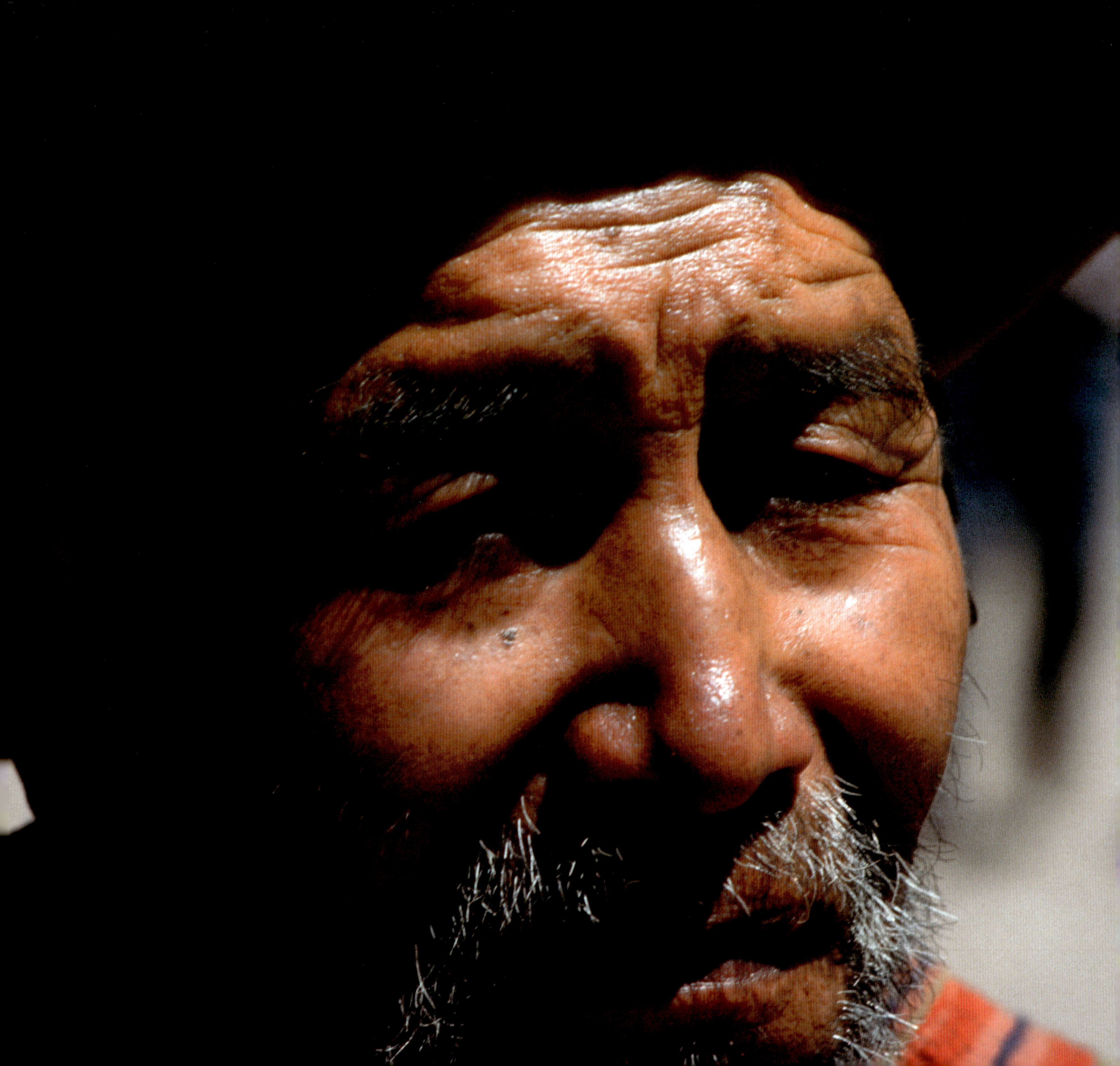

Ein wichtiger Schritt zum Seelenfrieden besteht darin, die Vergangenheit ruhen zu lassen und sich mit den Dingen, die man nicht ändern kann, in Sanftheit zu finden.

Leaving the past as it is and gently accepting the things that one cannot change are important steps towards one's peace of mind.

Was ihr am meisten fürchtet, wird euch am meisten quälen.

What you fear most will torment you most.

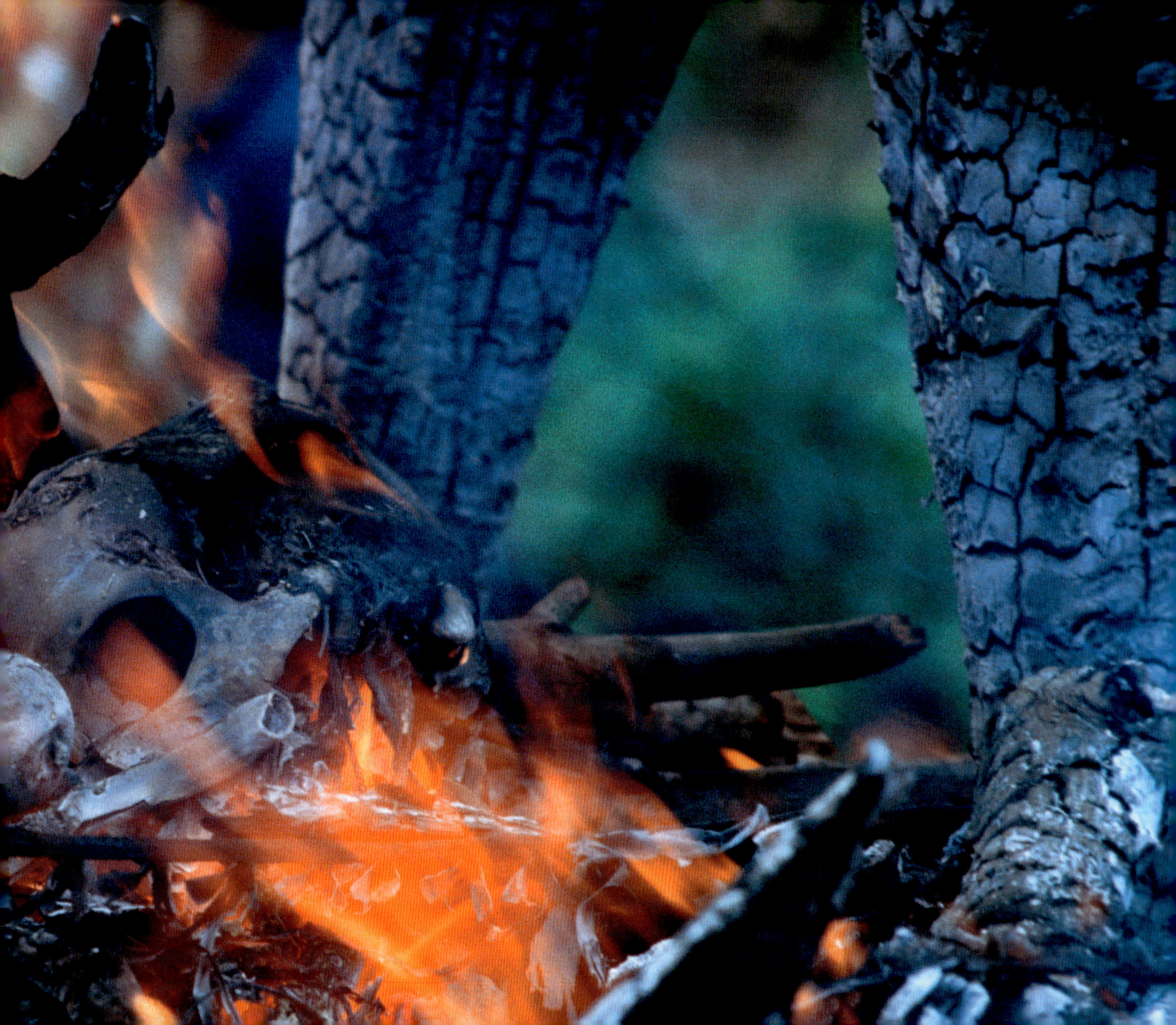

Angst blockiert alle Energie-Systeme.
Du ziehst die Situation an, die du fürchtest.

Fear blocks all energy systems.
You attract the situation which you fear.

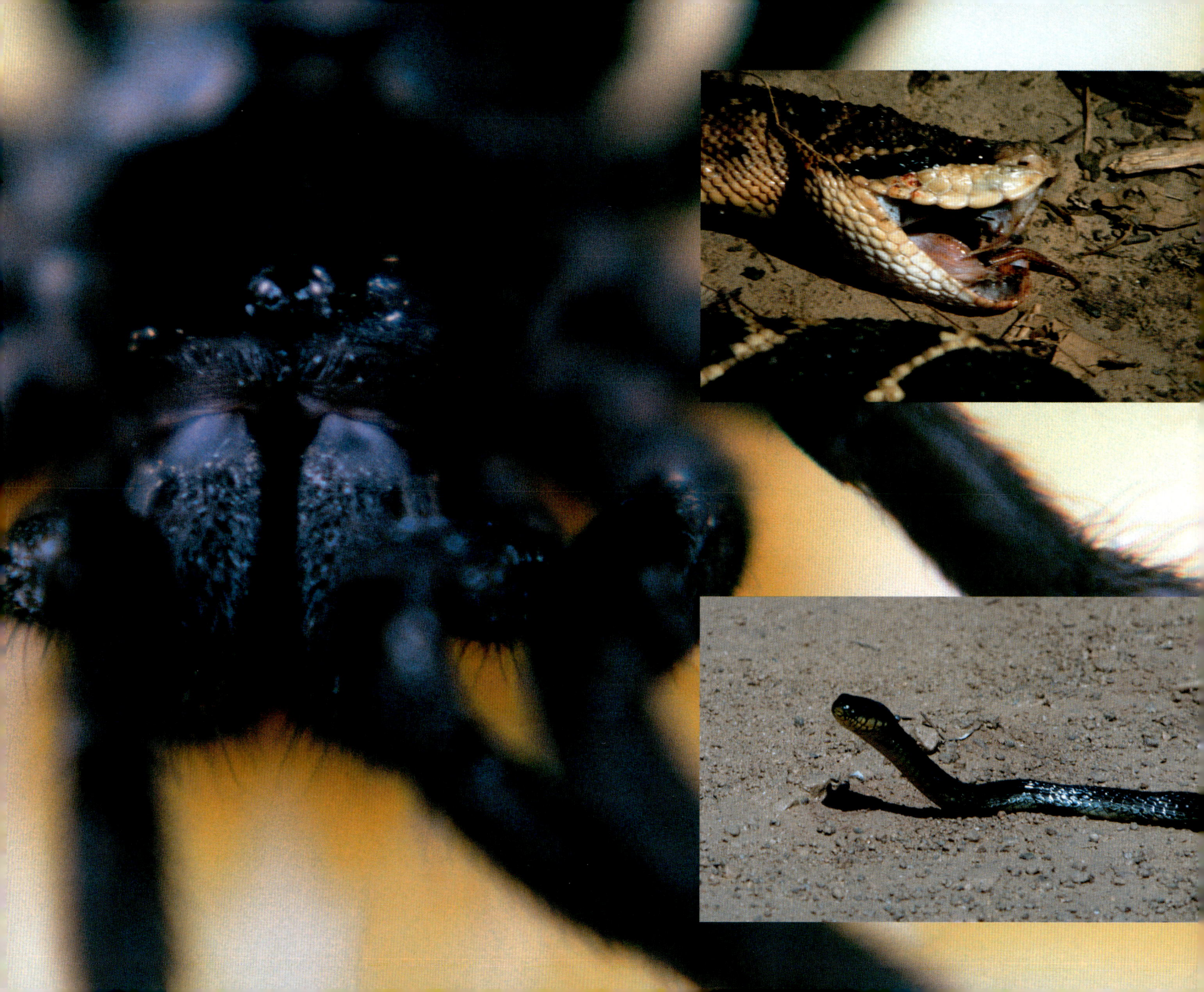

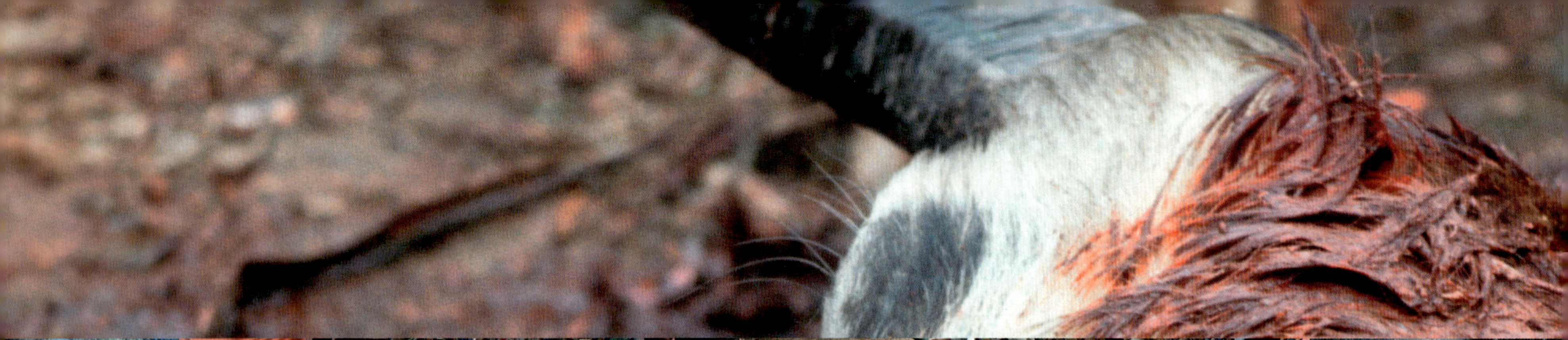

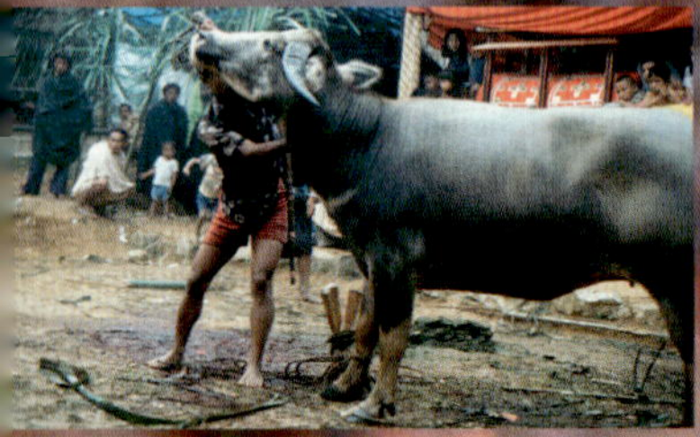

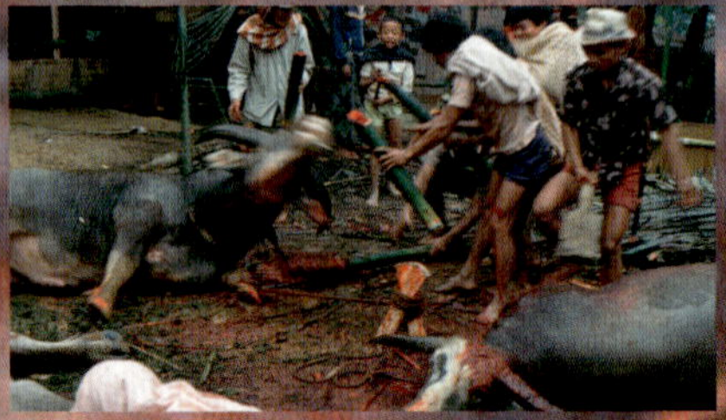

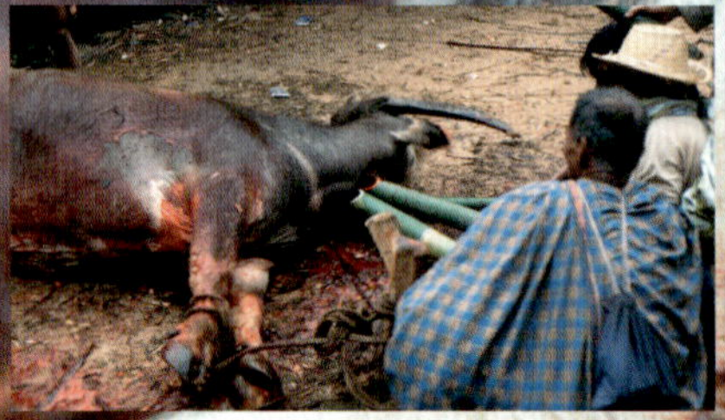

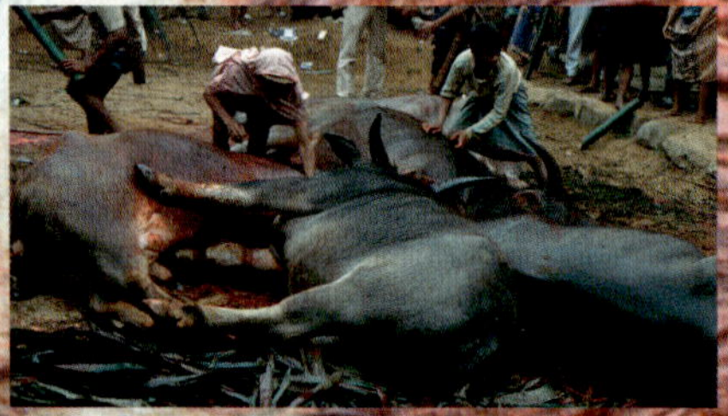

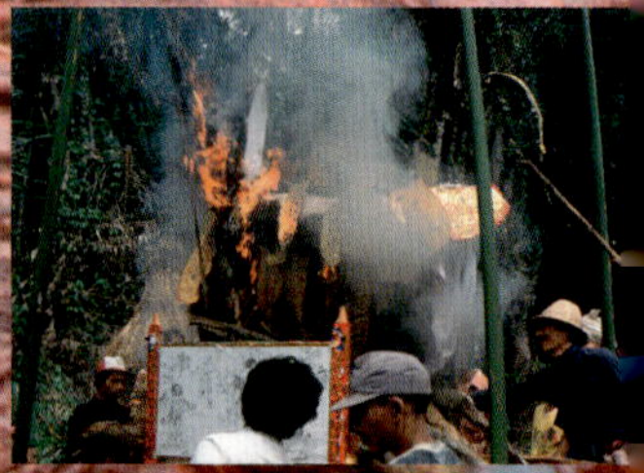

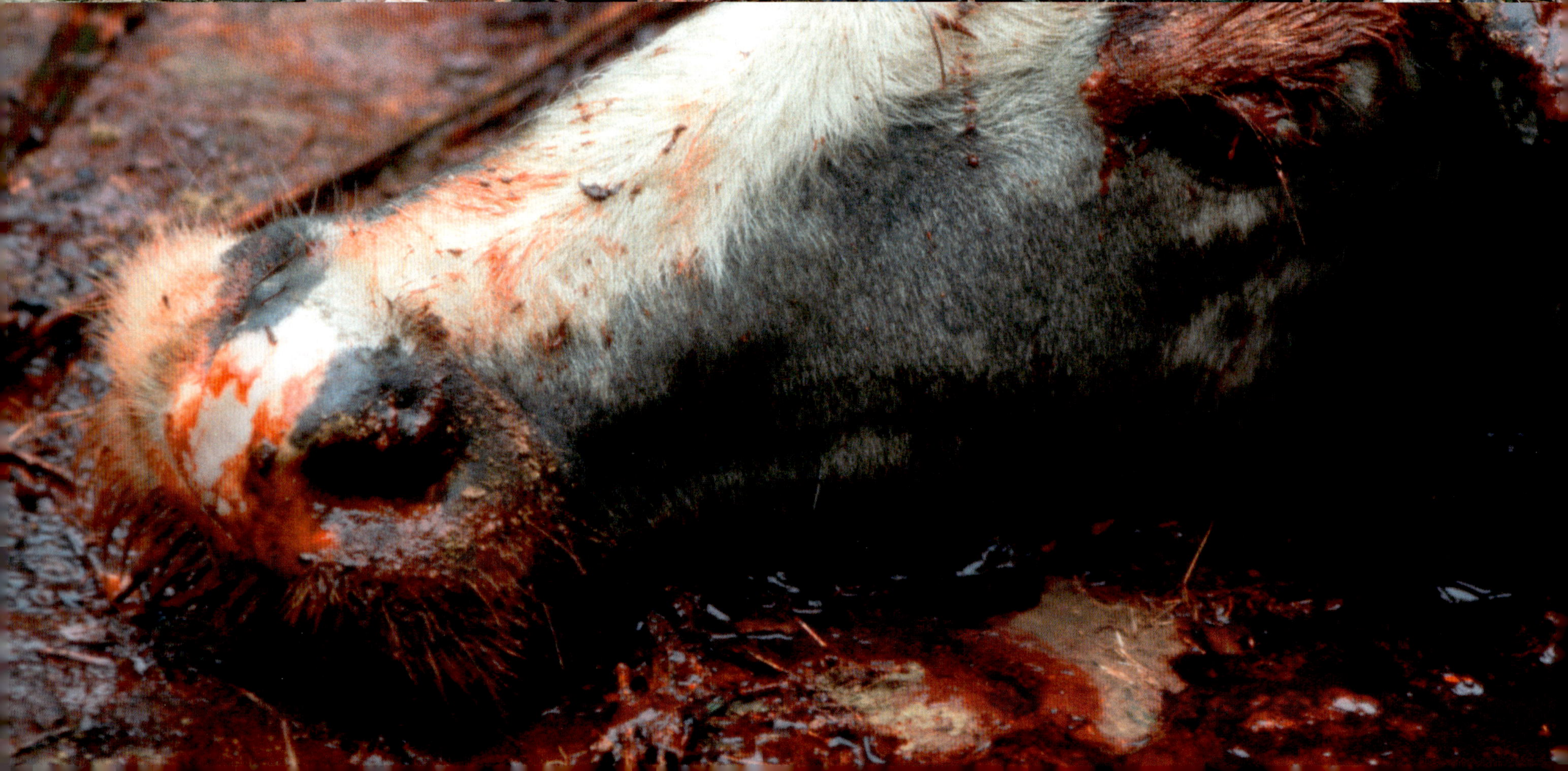

Die Ahnen sind ständig ein Thema in dir und du bist erst in Frieden,
wenn du Ihre Themen in dir erlöst hast.

Your ancestors are permanently an issue within yourself, and you will only come
to terms with them once you have solved their issues within yourself.

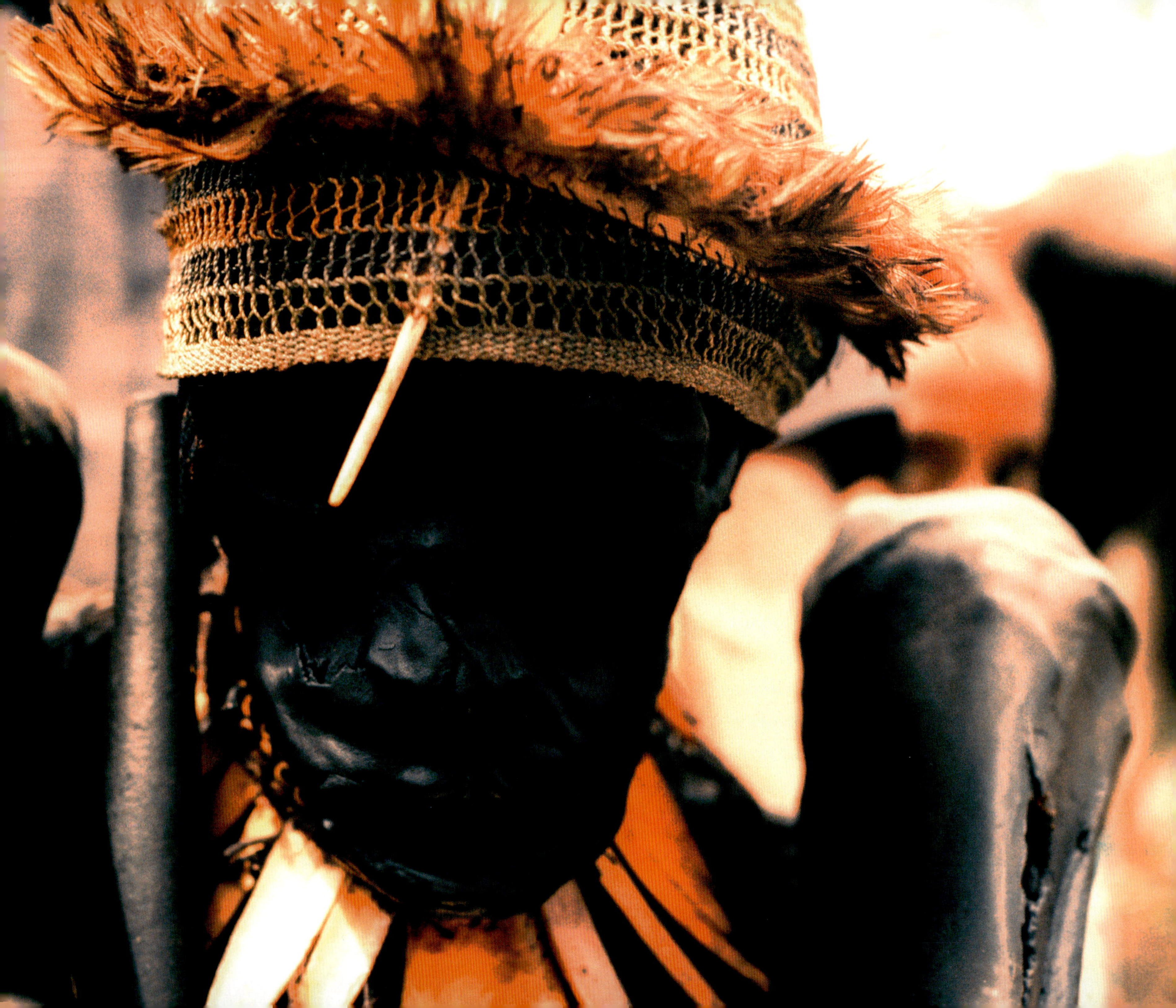

Du lebst seit deiner Geburt dieselben Muster,
die auch deine Ahnen gelebt haben.
Erkenne sie und versuche zu verstehen,
warum du immer wieder ähnlich auf
gewisse Menschen und Situationen reagierst.
Durchschaust du die Muster, wirst du
die eigenen Begrenzungen sehen und nicht
mehr von Strukturen getrieben und gelenkt
werden, sondern aus dir heraus steuern.

You live the same behavioral patterns ever since
you were born - just as your ancestors did.
Look at those patterns and try to understand
why your reactions towards certain people and
situations resemble each other.
Once you understand those patterns,
you will recognize your own limitations,
realising that you are no longer driven
and guided by parameters,
but able to steer them from within yourself.

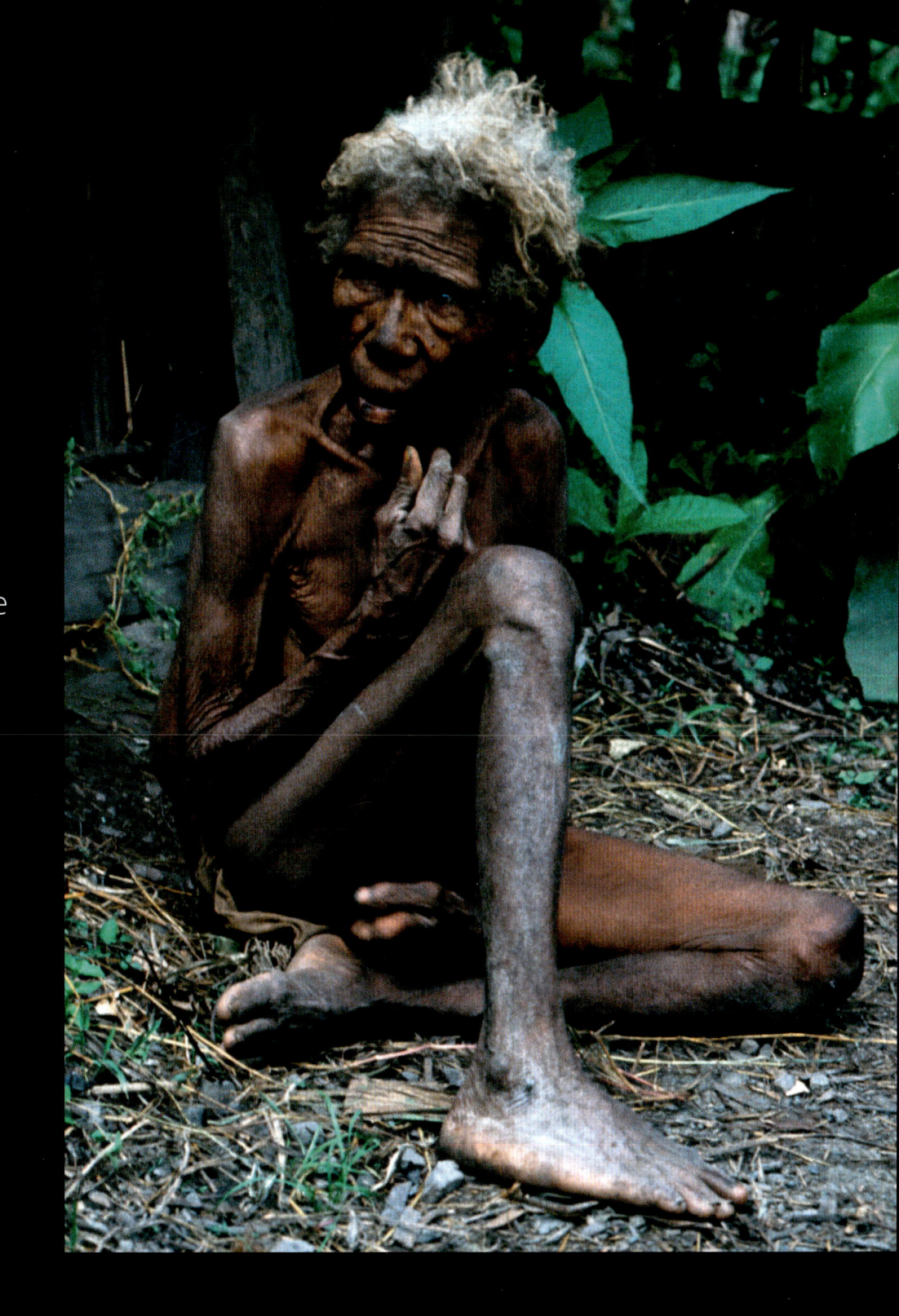

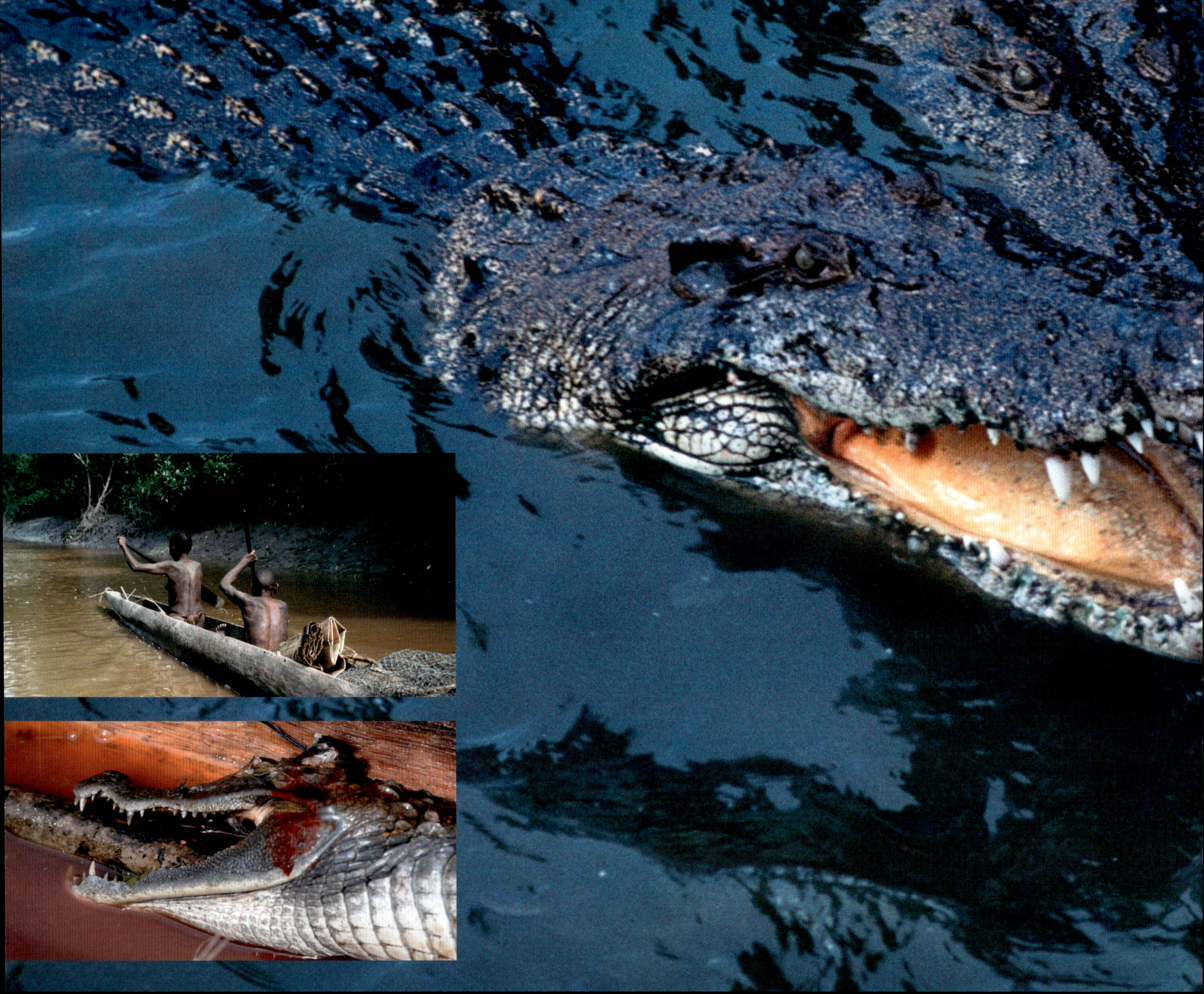

Sei hart zu dir und du wirst Hartes erleben.

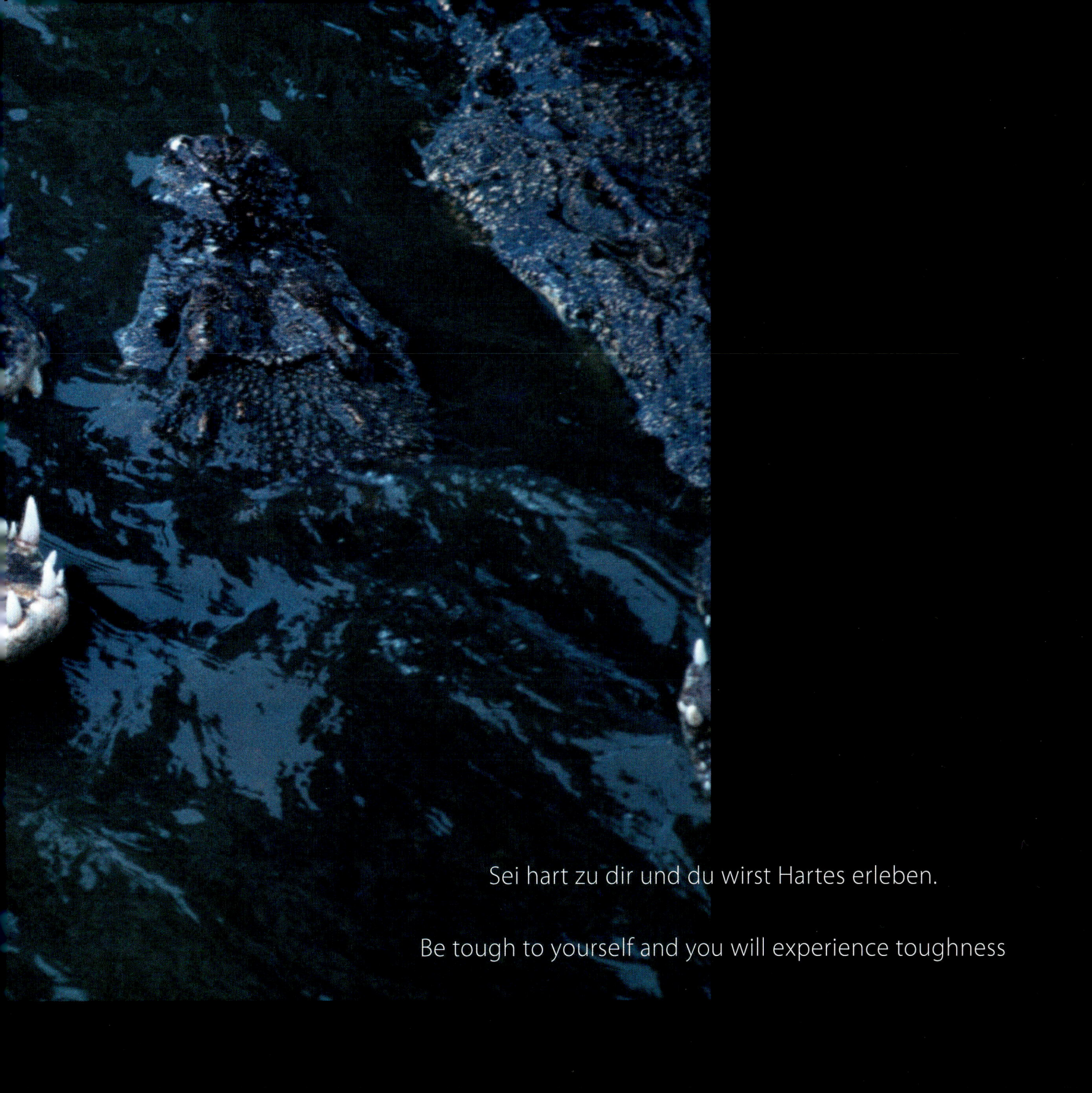

Be tough to yourself and you will experience toughness

are located within yourself.

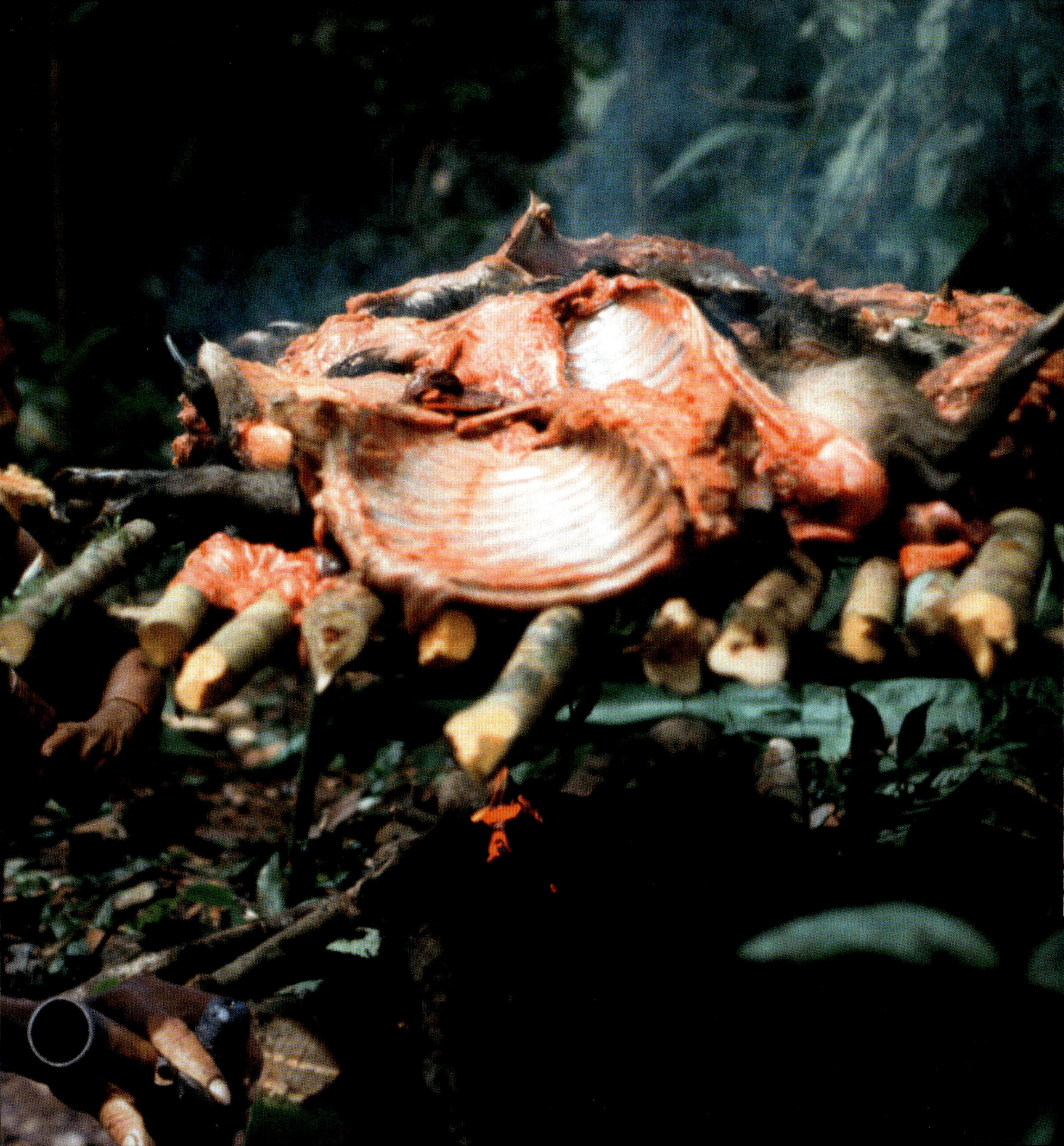
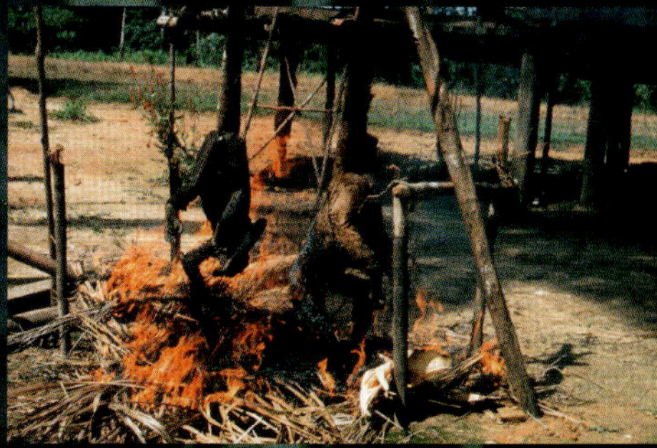
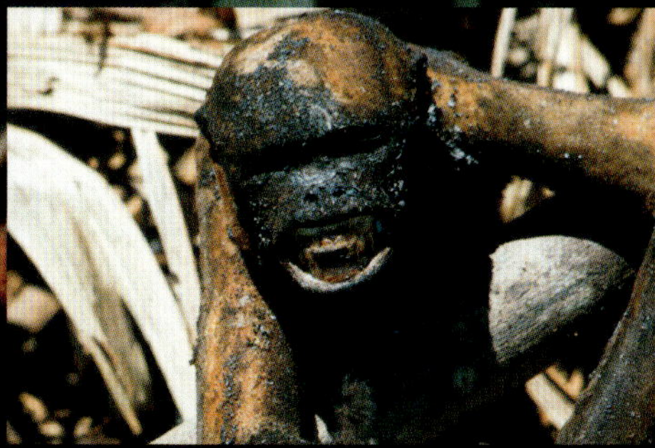
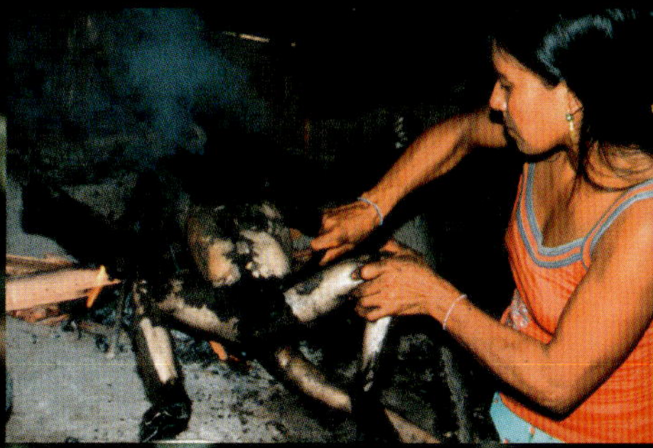
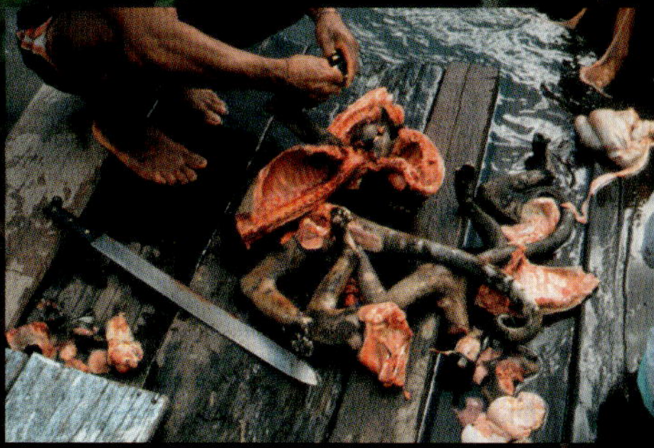

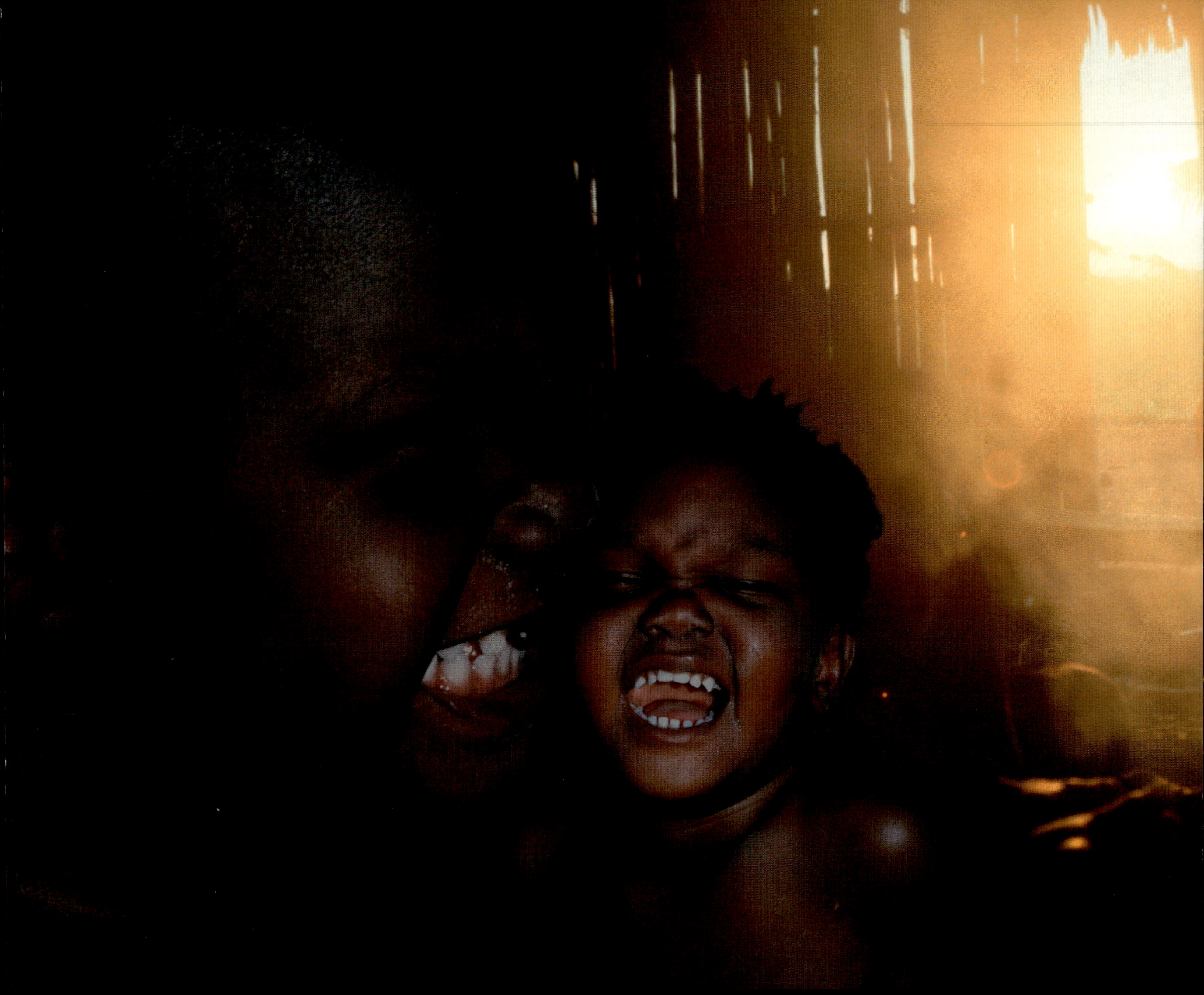

Emotion ist Energie in Bewegung.

Emotion is energy in motion.

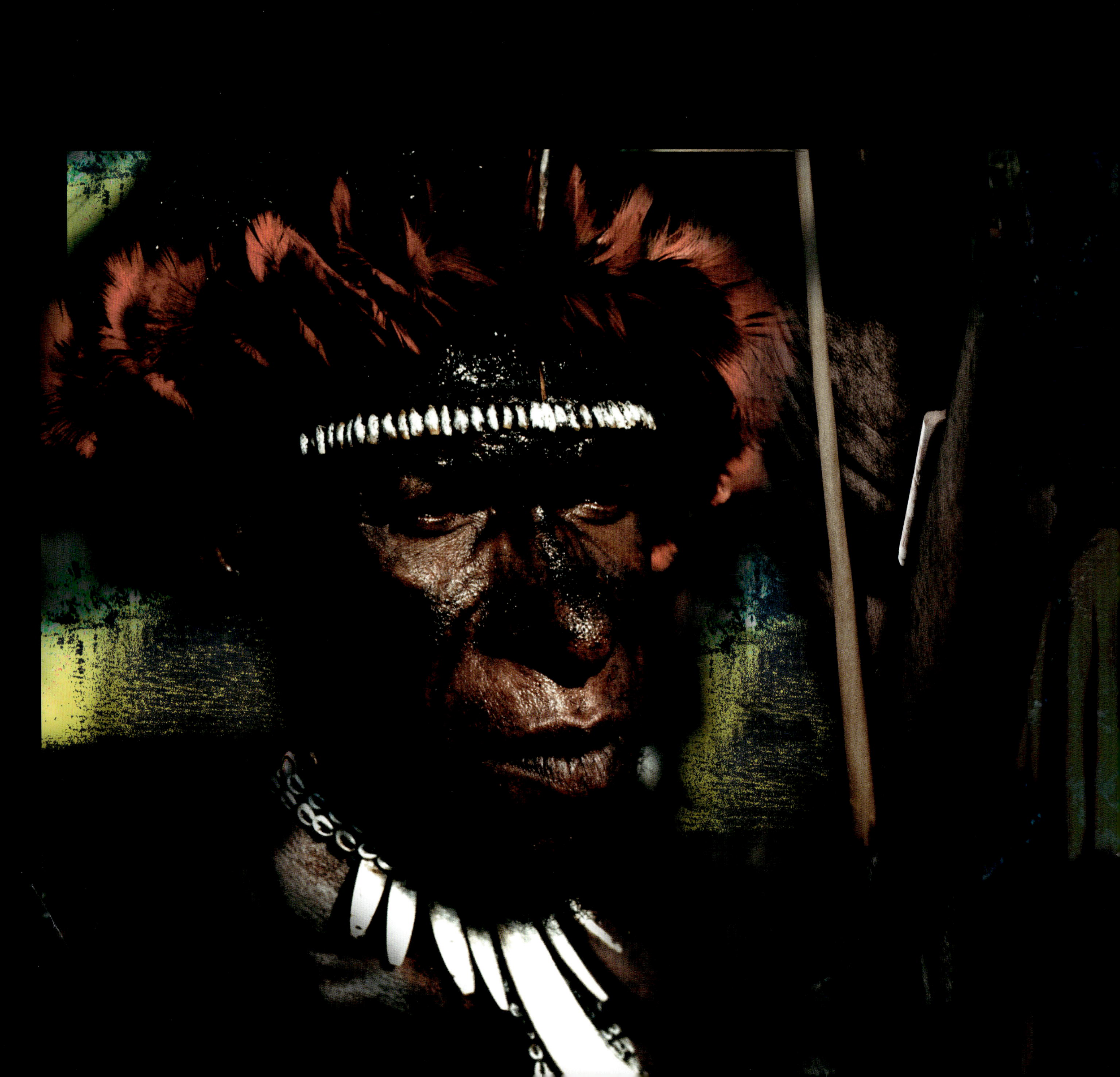

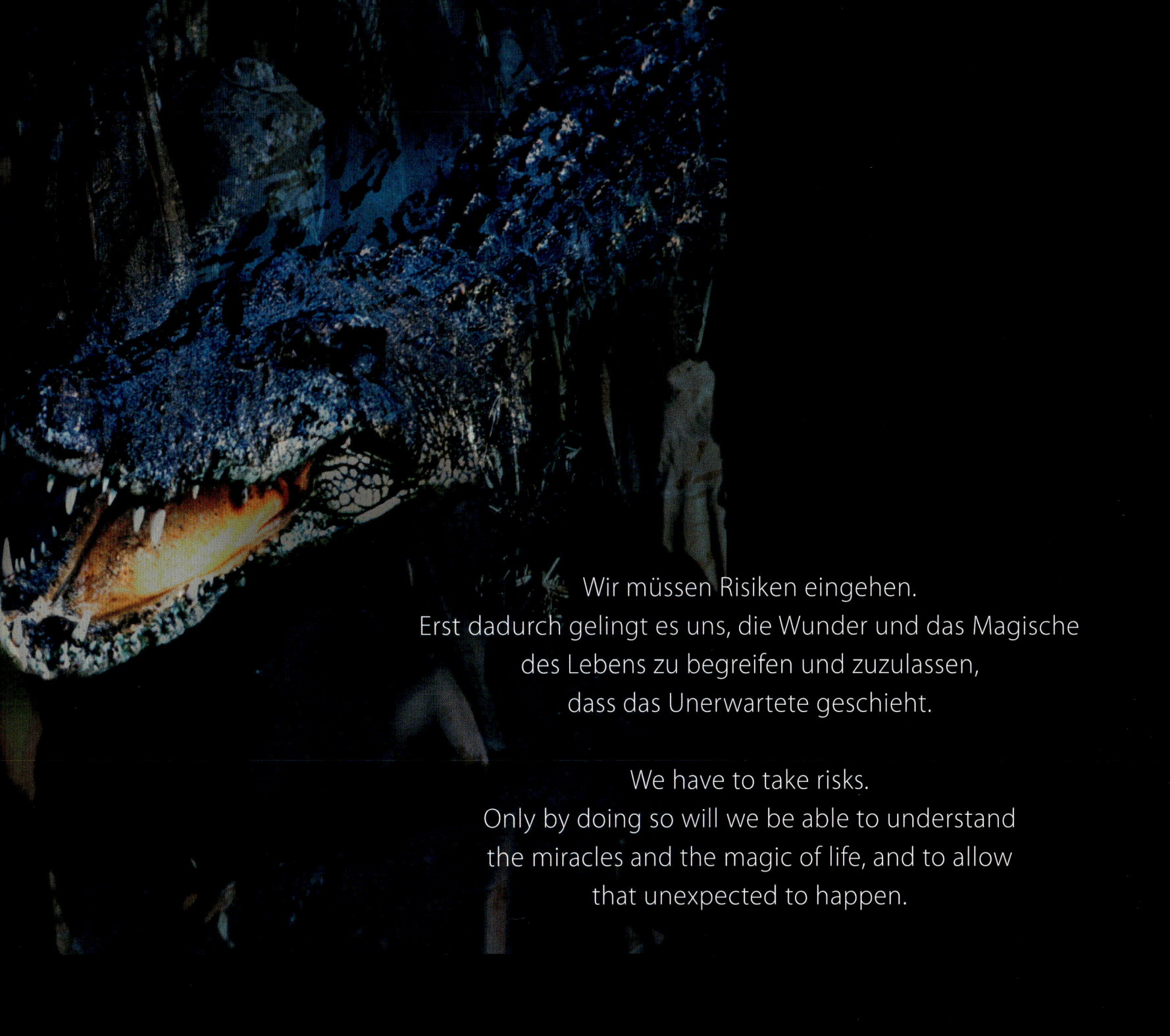

Wir müssen Risiken eingehen.
Erst dadurch gelingt es uns, die Wunder und das Magische
des Lebens zu begreifen und zuzulassen,
dass das Unerwartete geschieht.

We have to take risks.
Only by doing so will we be able to understand
the miracles and the magic of life, and to allow
that unexpected to happen.

Bei Allergien stelle Dir folgende Frage:
Was kannst Du nicht ertragen?
Wen kannst Du nicht ertragen?
Wer geht Dir auf die Nerven?
Wem kann ich vertrauen?

If you suffer from allergies,
ask yourself the following questions:
What is it that you are not able to bear?
Who is it that you are not able to bear?
Who is it that is annoying you?
Who can I trust?

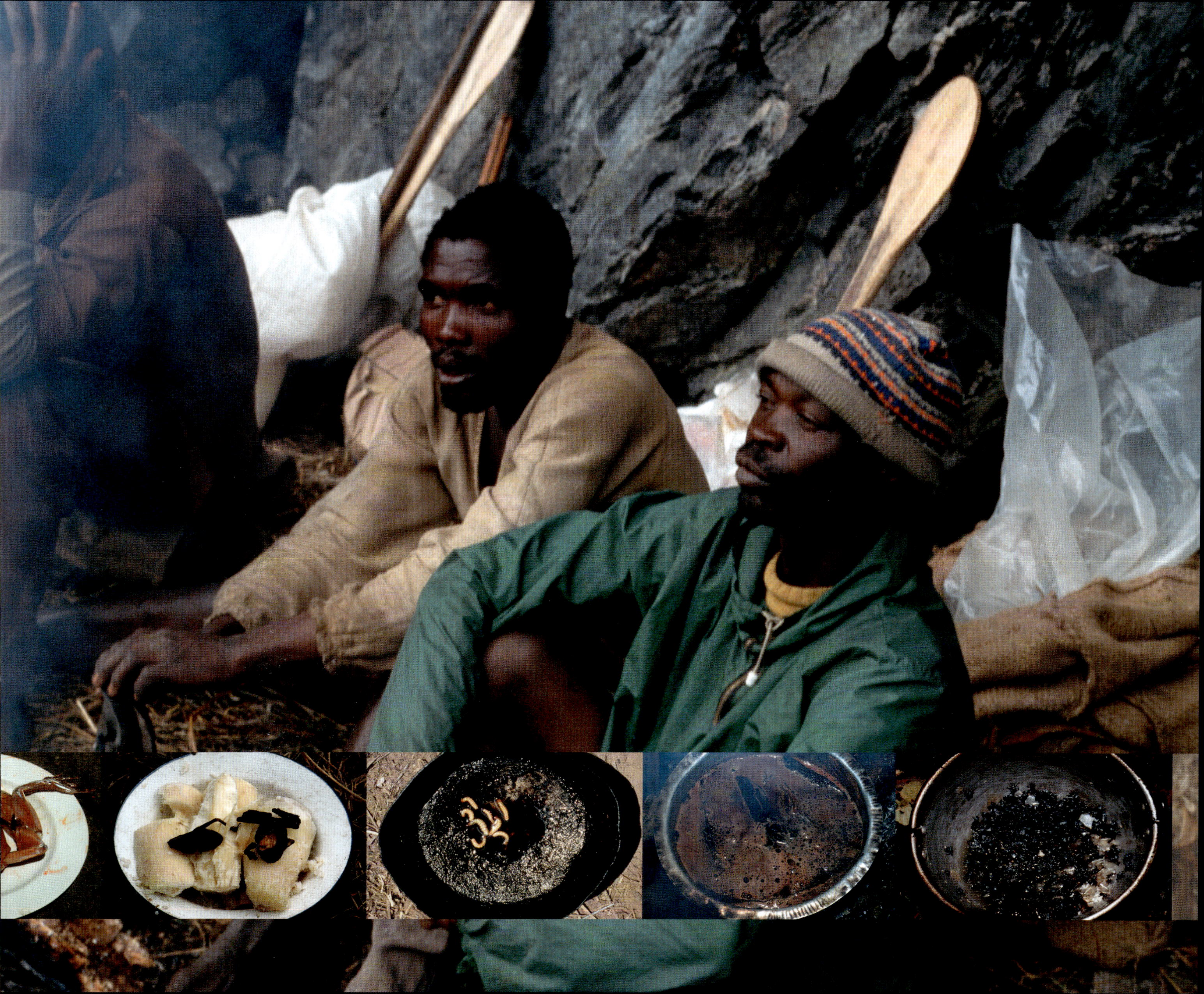

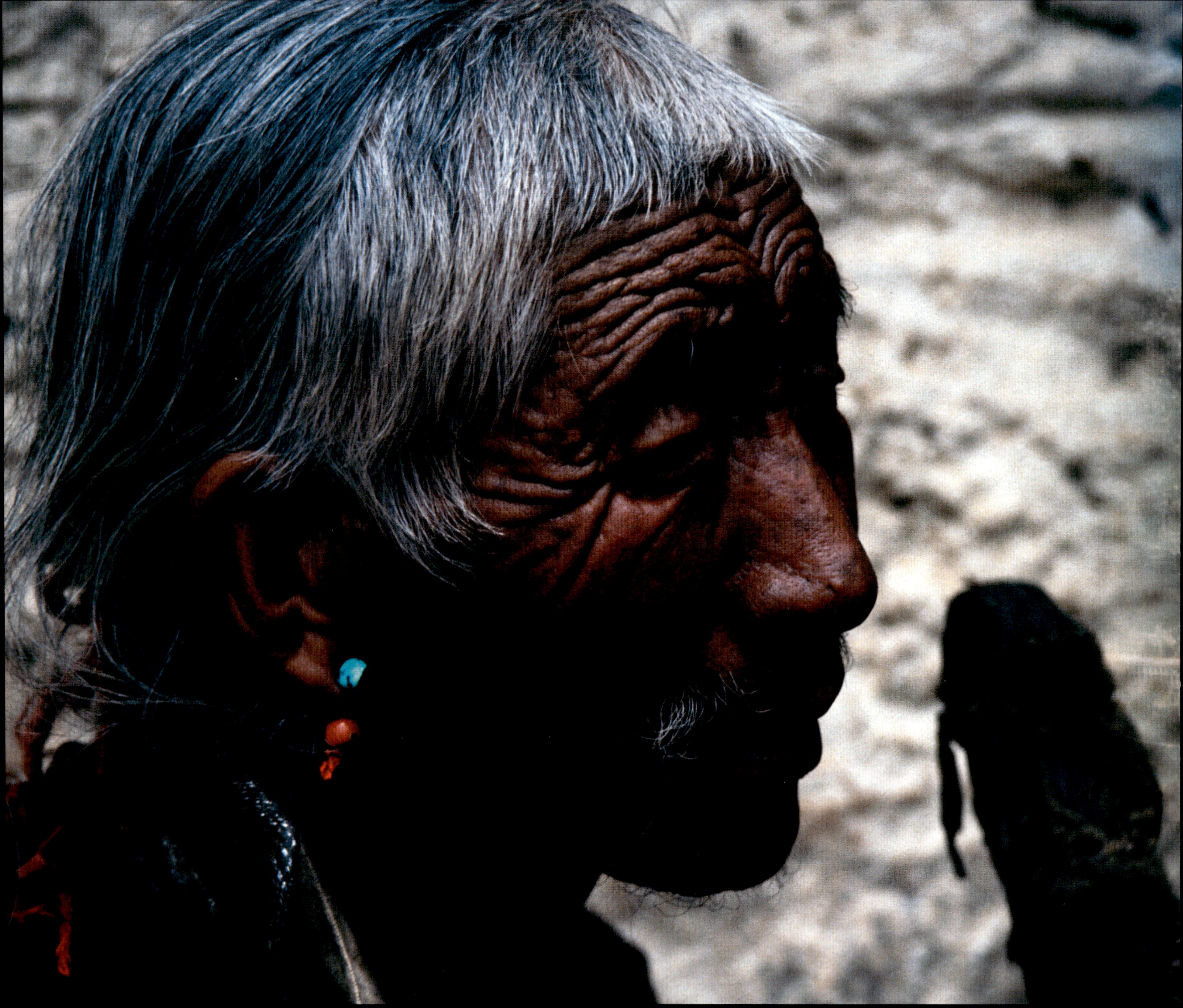

Vertraue nicht nur deinen Gefühlen,
denn sie sind auch nur Illusionen.
Vertraue nur dem was du wirklich weißt
und in dir wahr ist.

Do not only trust your feelings,
for they, too, are nothing but illusions.
Do trust what you really know,
and what is true within yourself.

Lebe nicht für die anderen oder dich selbst,
sondern für das, was tief in dir wahr ist.
Beziehe dich auf das Höhere und Wahre in Dir.

Don't live for others or yourself,
but for that which is deep and true inside yourself.
Go for the Superior and Truthful inside yourself.

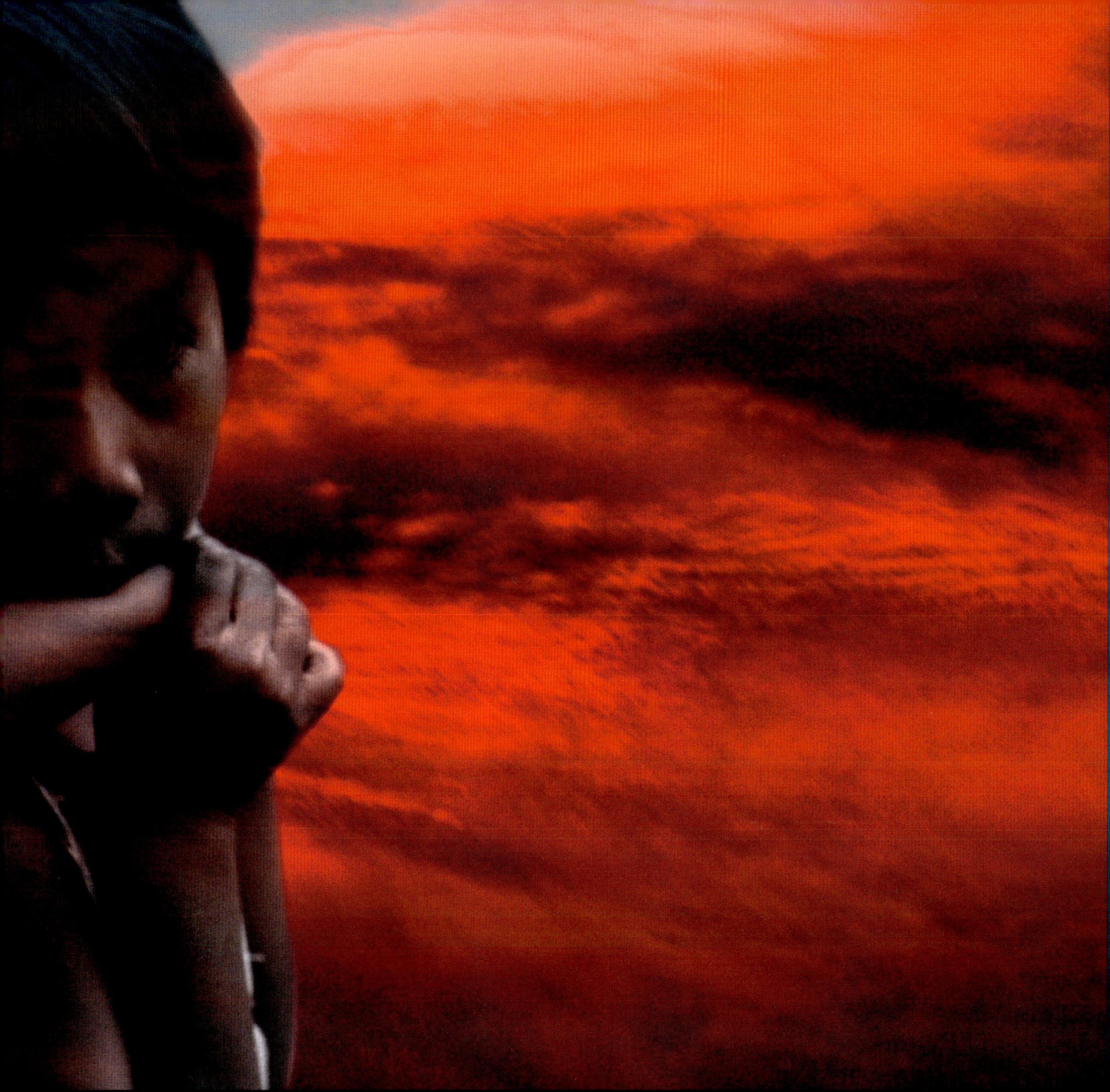

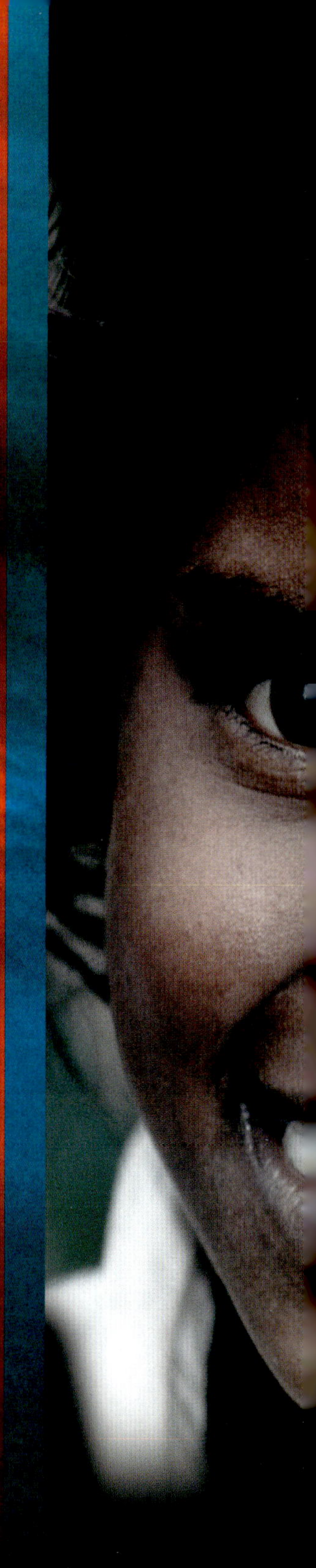

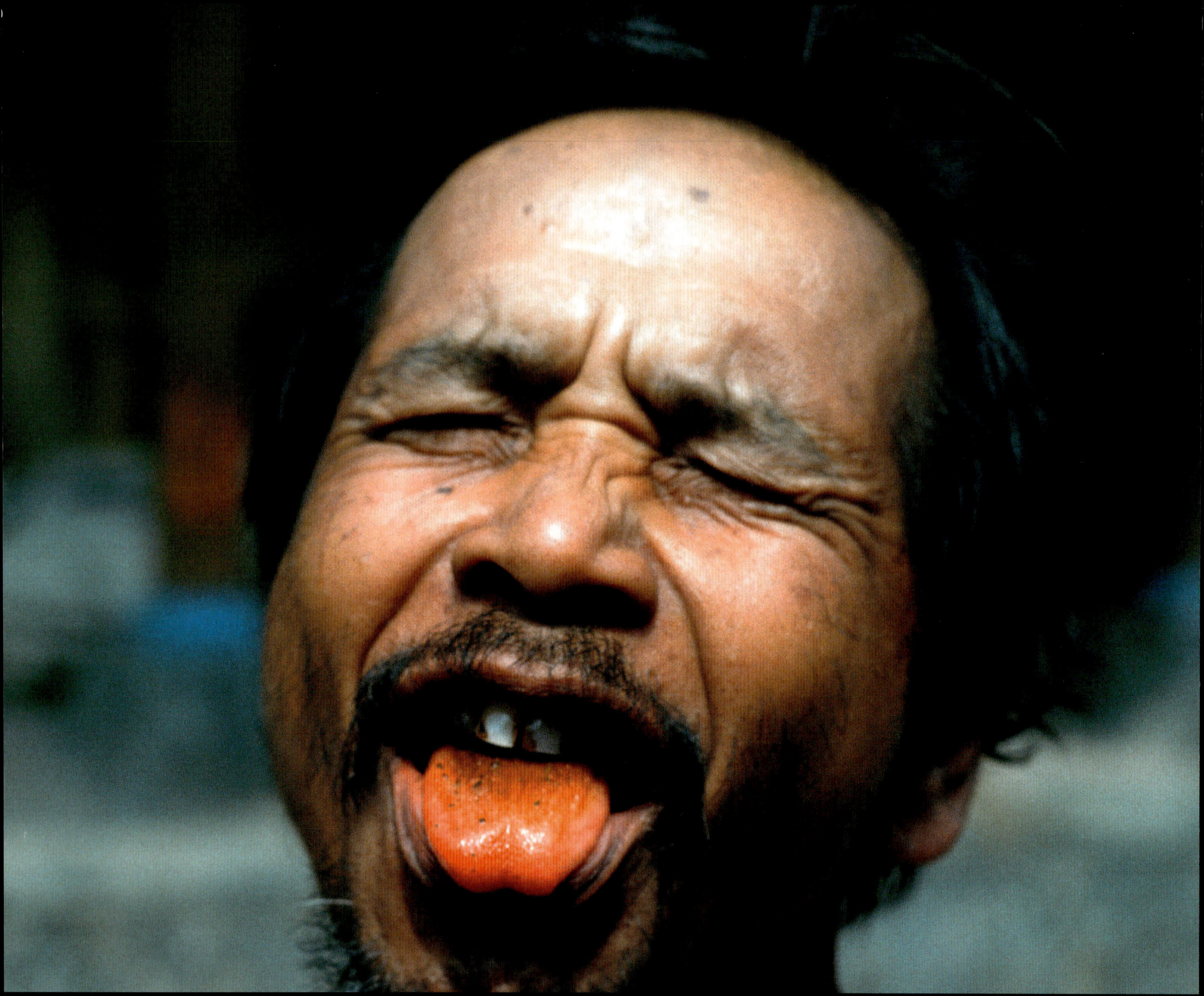

Je mehr du dich von deinem wahren Selbst
auf die Gefühlsebene entfernst,
desto eigenartiger und fremdartiger wirst du.

The more you depart from your true self
toward the realm of emotions,
the more idiosyncratic and strange you will become.

Willst du es verändern, weil du erkennst,
dass es dich nicht mehr repräsentiert,
tu es und bringe dadurch mehr Präsenz in dein Leben.

If you seek to change it because you realise
that it does not represent you anymore,
then do it and gain more presence in your life.

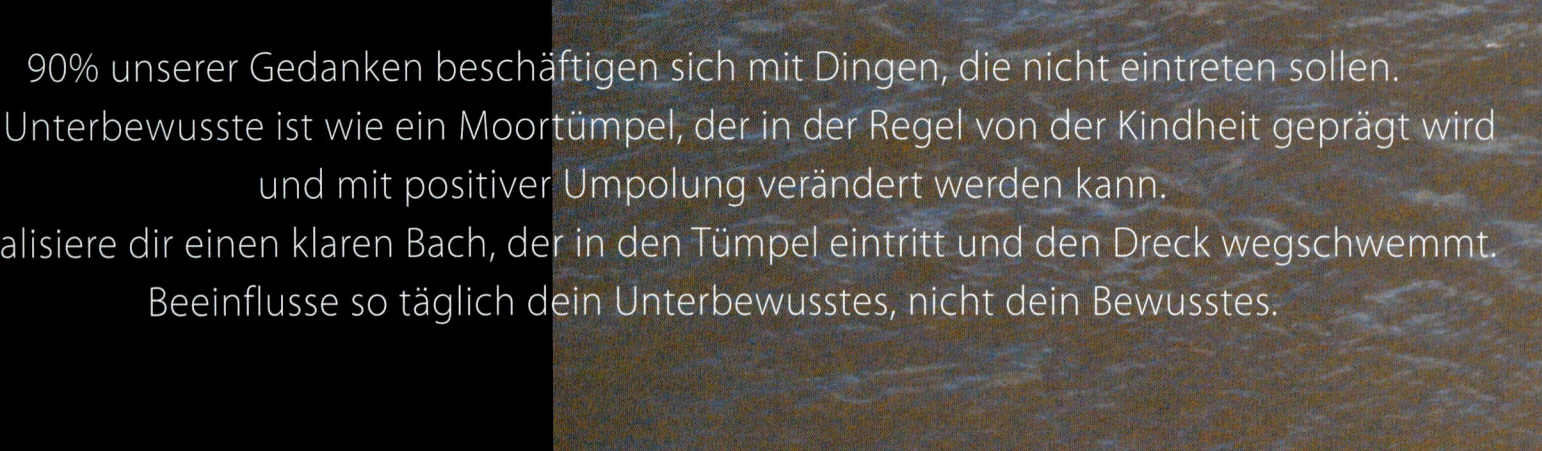

90% unserer Gedanken beschäftigen sich mit Dingen, die nicht eintreten sollen.
Unterbewusste ist wie ein Moortümpel, der in der Regel von der Kindheit geprägt wird
und mit positiver Umpolung verändert werden kann.
alisiere dir einen klaren Bach, der in den Tümpel eintritt und den Dreck wegschwemmt.
Beeinflusse so täglich dein Unterbewusstes, nicht dein Bewusstes.

Ninety percent of our thoughts are occupied with events that should not occur.
he subliminal mind is like a moor pond, which is usually imprinted during childhood
and which can be altered through positive reversion of polarity.
Visualize a clear creek that enters the pond and washes away the dirt.
In doing so, influence your subliminal mind, not your conscious mind, every day.

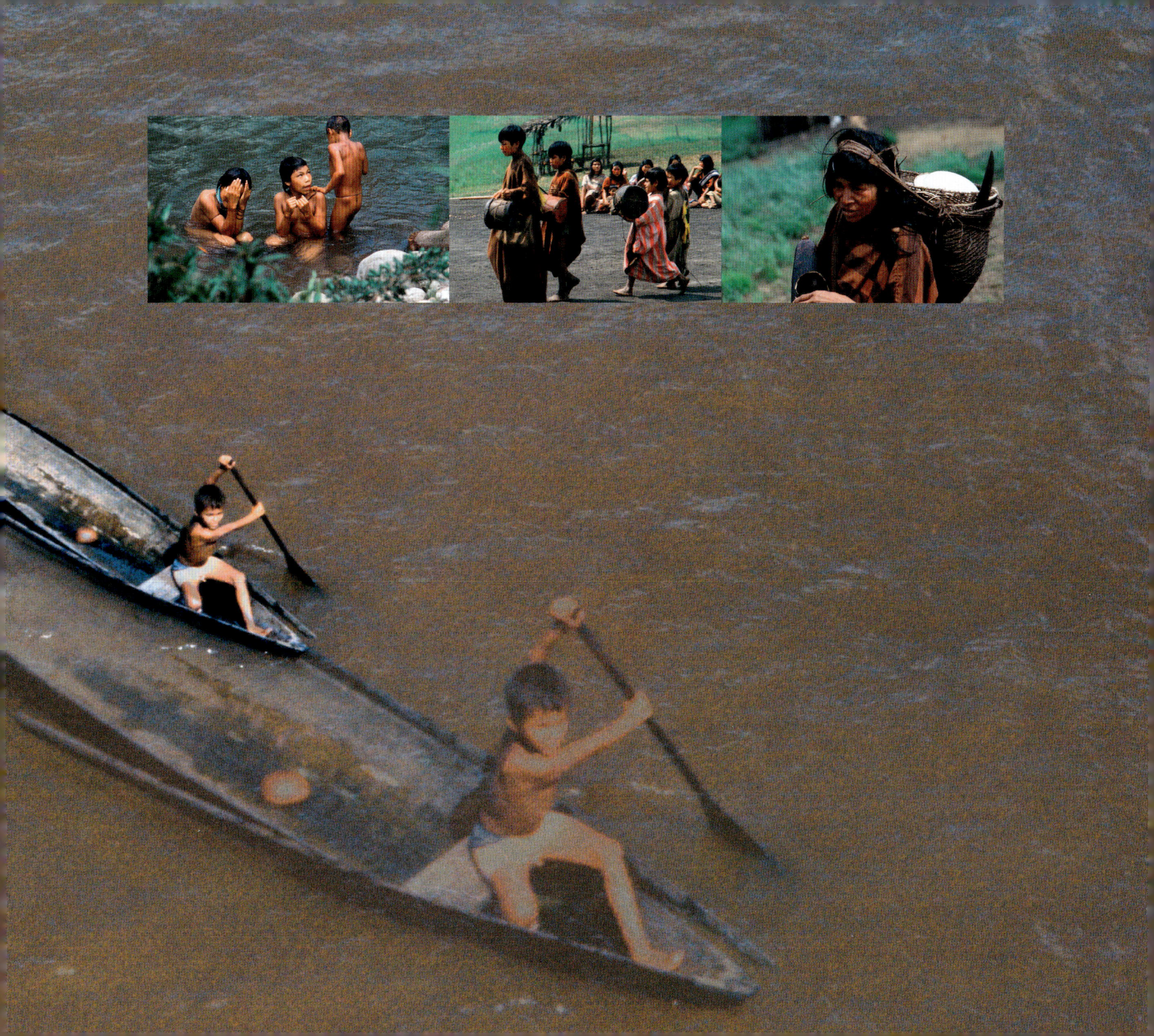

Sein bedeutet wahrgenommen sein.

Being means being perceived.

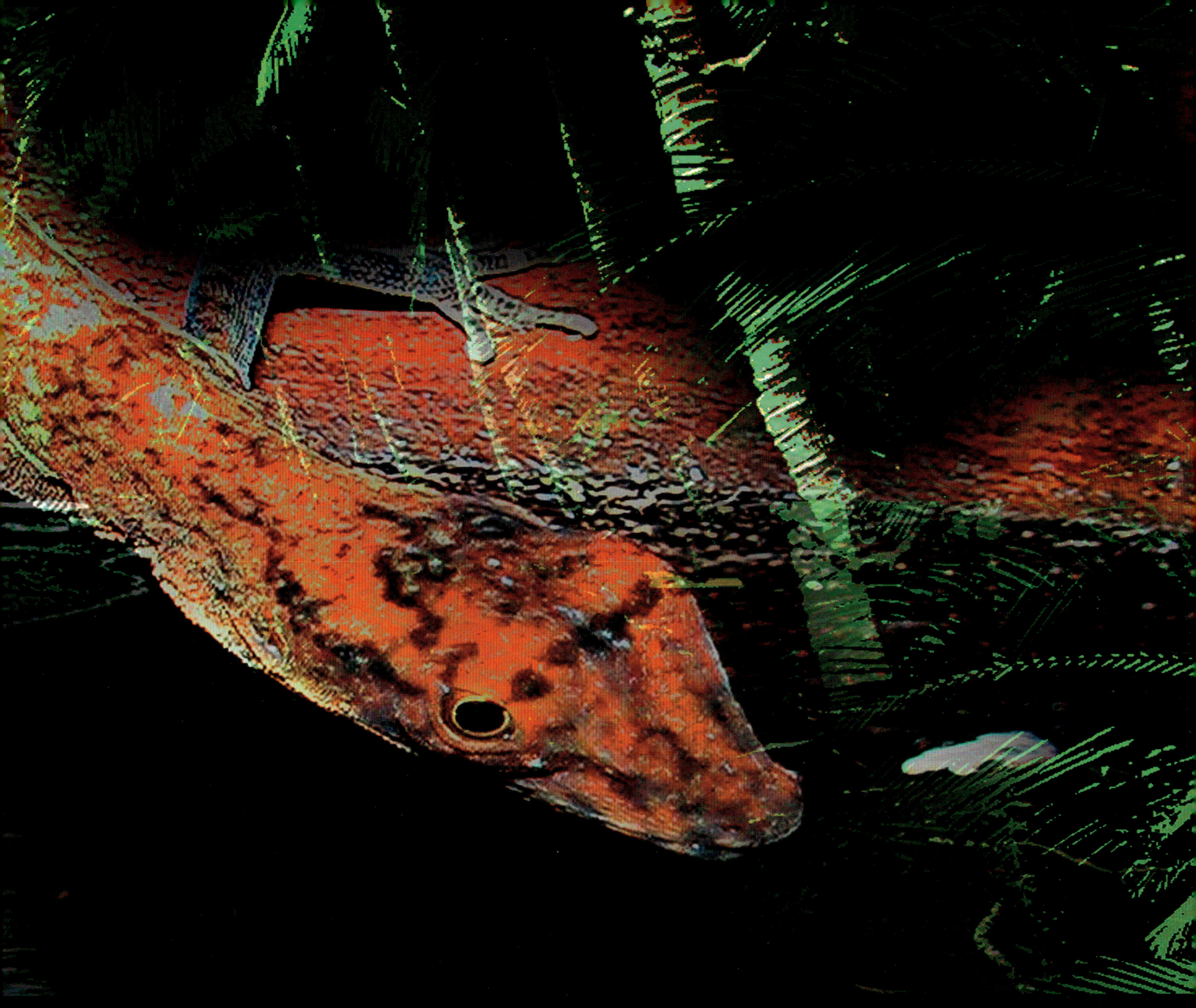

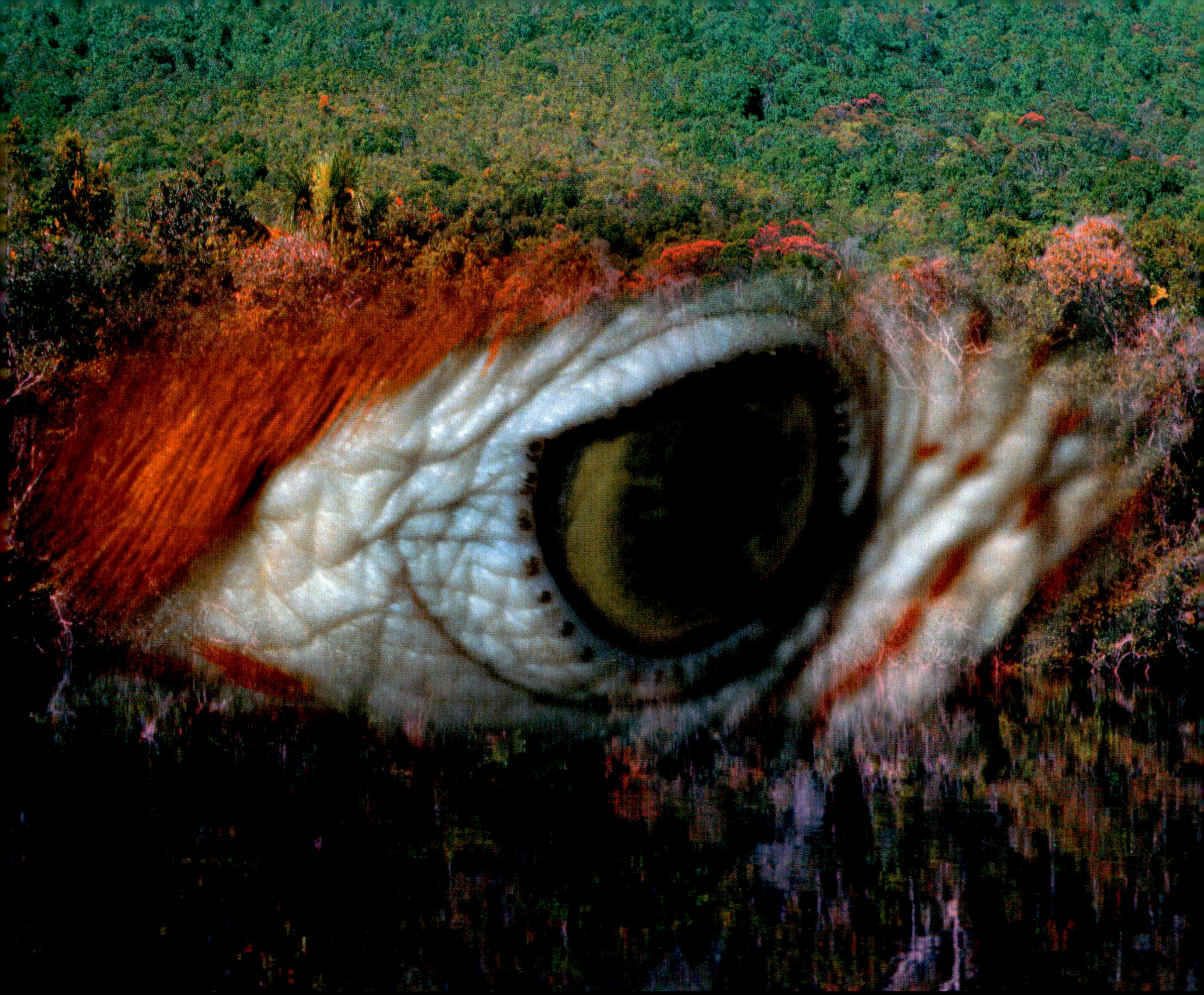

Phantasie ist die Kraft, die alles bewegt

Imagination is the power that moves everyt

Du hast nur das JETZT zum Leben, die Gegenwart zeigt dir ein neues Sehen.
Die Gegenwart ist die einzige Zeit, die du hast um dich zu verändern.

You have only NOW to live, the presence shows you a new way of looking at things.
The presence is the only time that you have to change yourself.

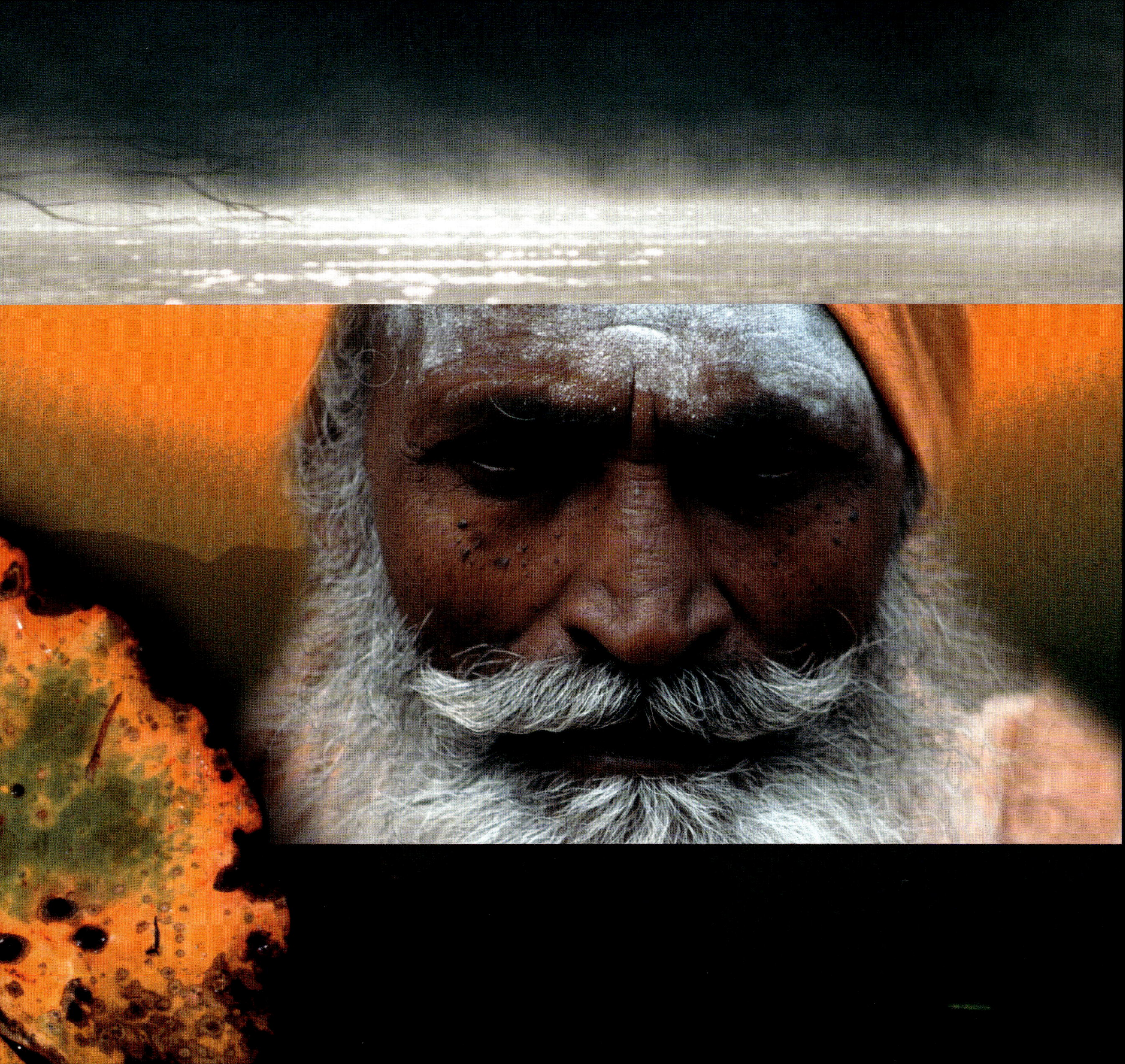

Unser Hirn ist direkt über Resonanzsysteme
mit dem Herzen verbunden.
Diese Erkenntnis wurde bereits seit
Jahrtausenden von den Urvölkern vermittelt.

Our brain is directly connected to the heart
by resonant cavities.
This cognition has been handed down
by prehistoric people over thousands of years.

91

TRANSZENDIERE die Polarität während Du in ihr lebst.

TRANSCEND polarity while living in it.

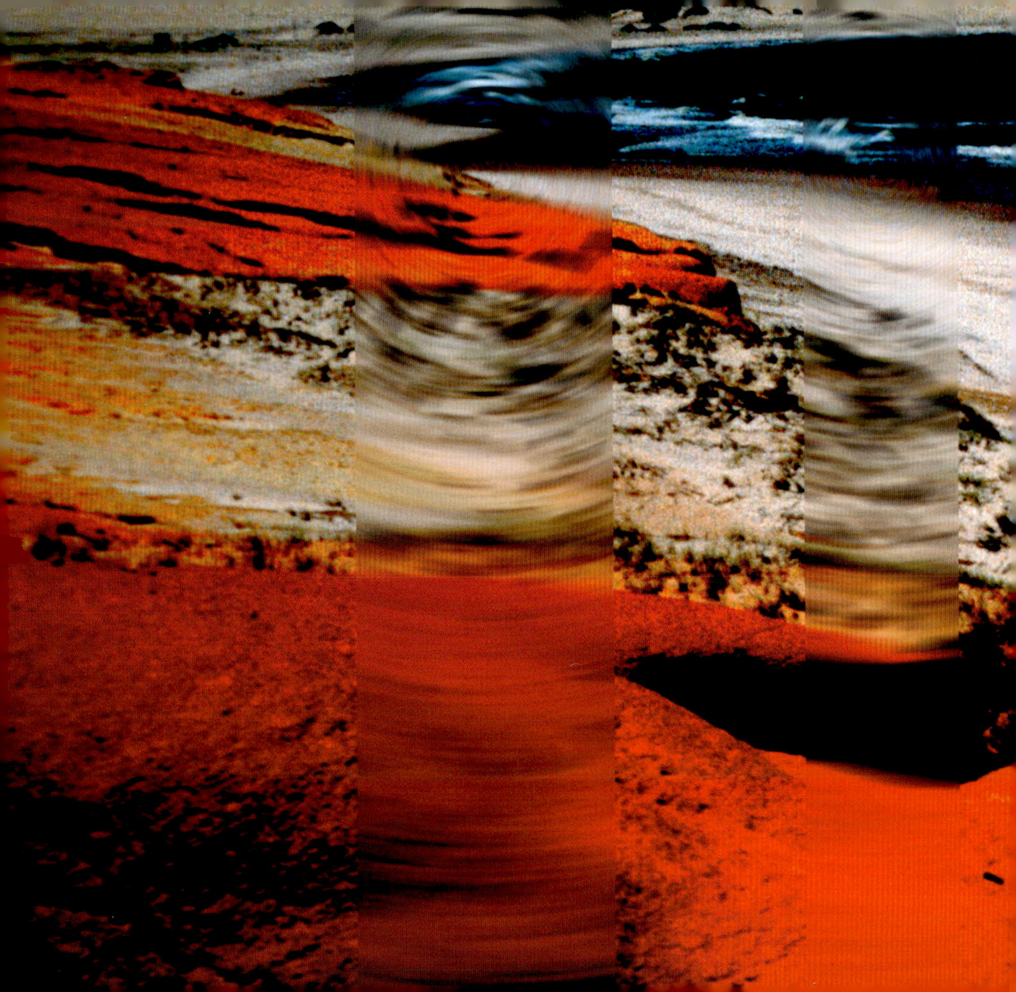

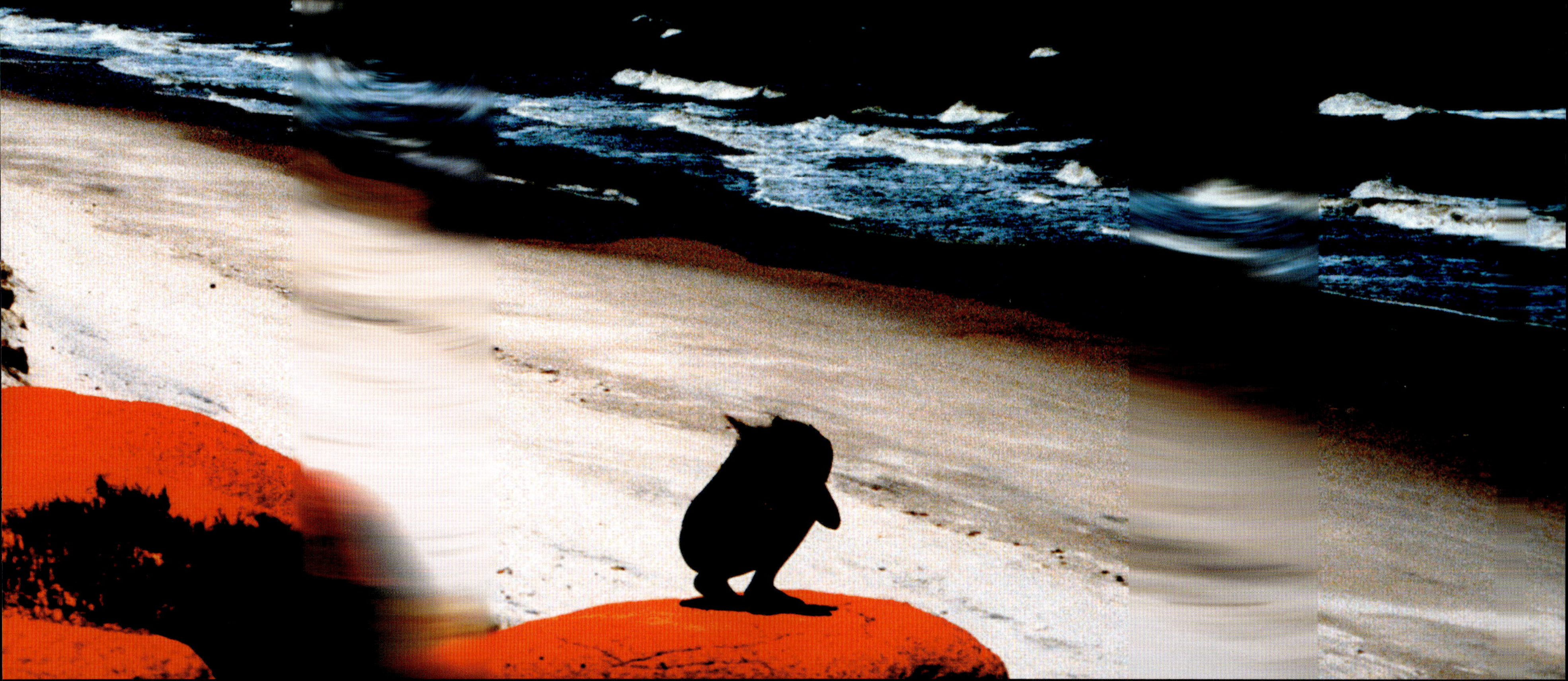

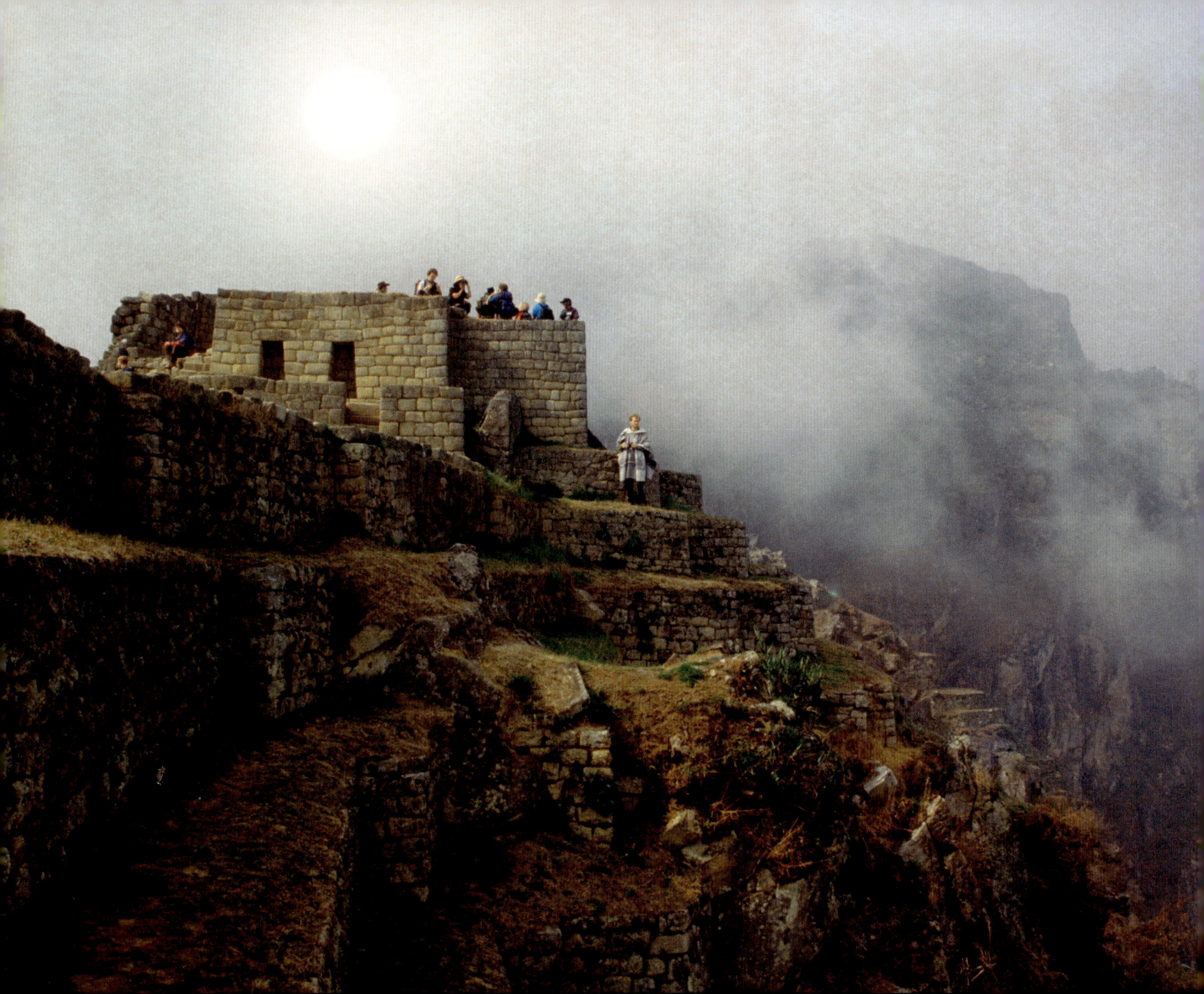

Willst du ständig ein Schaf in der Herde bleiben
oder bist du bereit zum Löwen zu mutieren?

Do you want to stay a sheep in a flock
or are you ready to mutate – and become a lion?

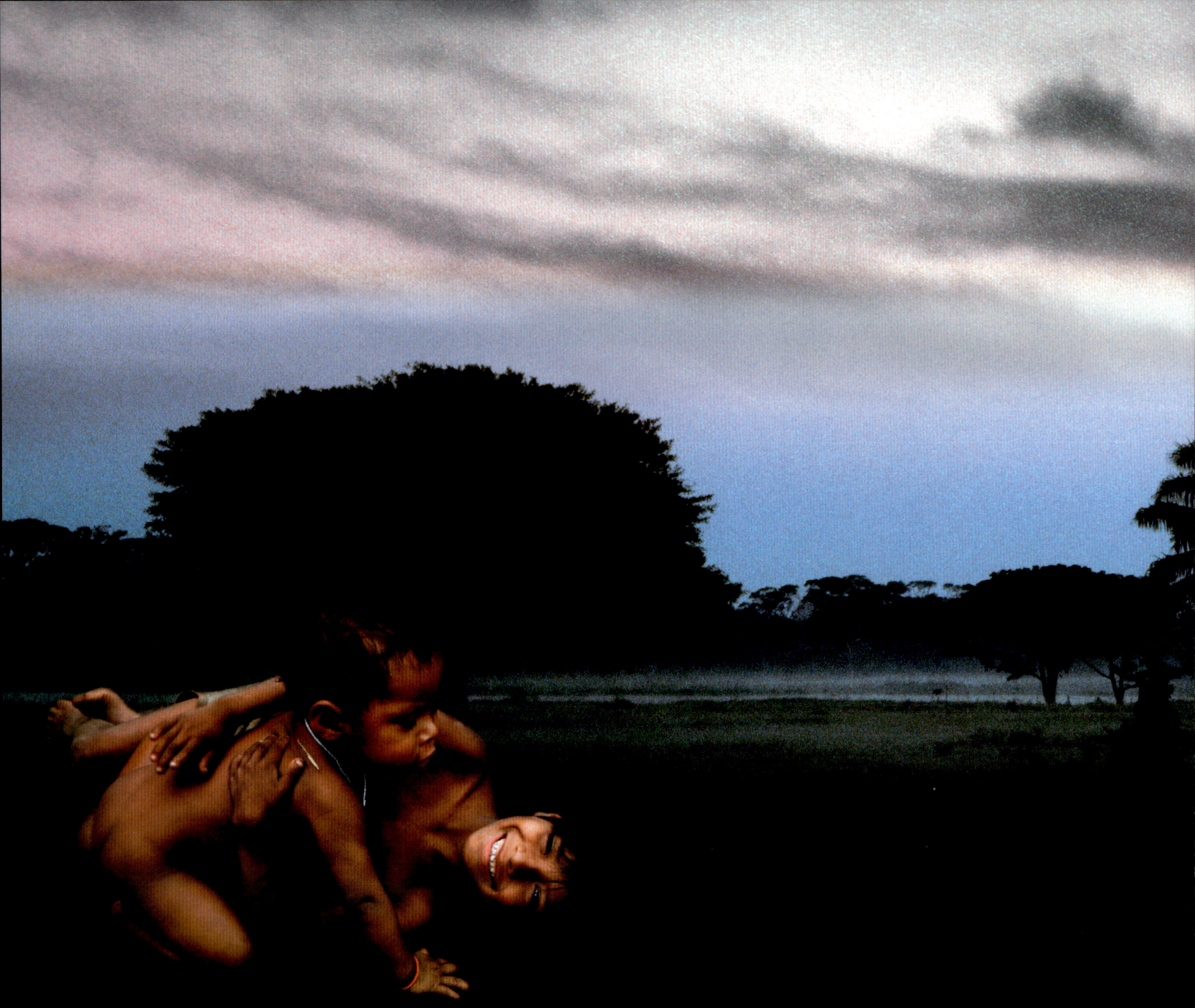

Das untrüglichste Zeichen angeborener großer
Eigenschaften ist angeborene Neidlosigkeit.
Wir haben nur, was wir nicht halten!

The most unmistakable sign of great inherent quality
is inherent lack of envy.
We only own that which we do not hold on to!

100

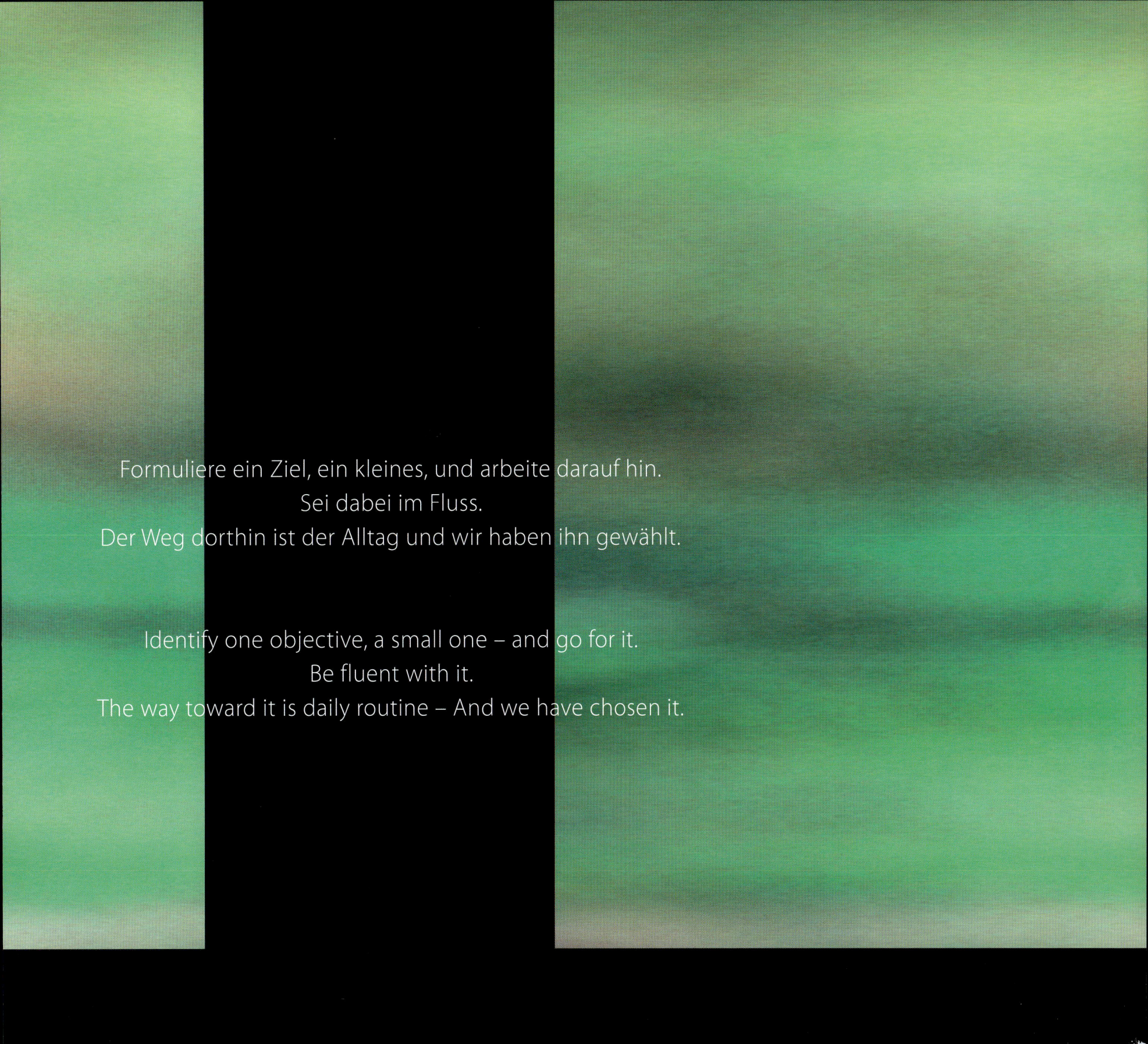

Formuliere ein Ziel, ein kleines, und arbeite darauf hin.
Sei dabei im Fluss.
Der Weg dorthin ist der Alltag und wir haben ihn gewählt.

Identify one objective, a small one – and go for it.
Be fluent with it.
The way toward it is daily routine – And we have chosen it.

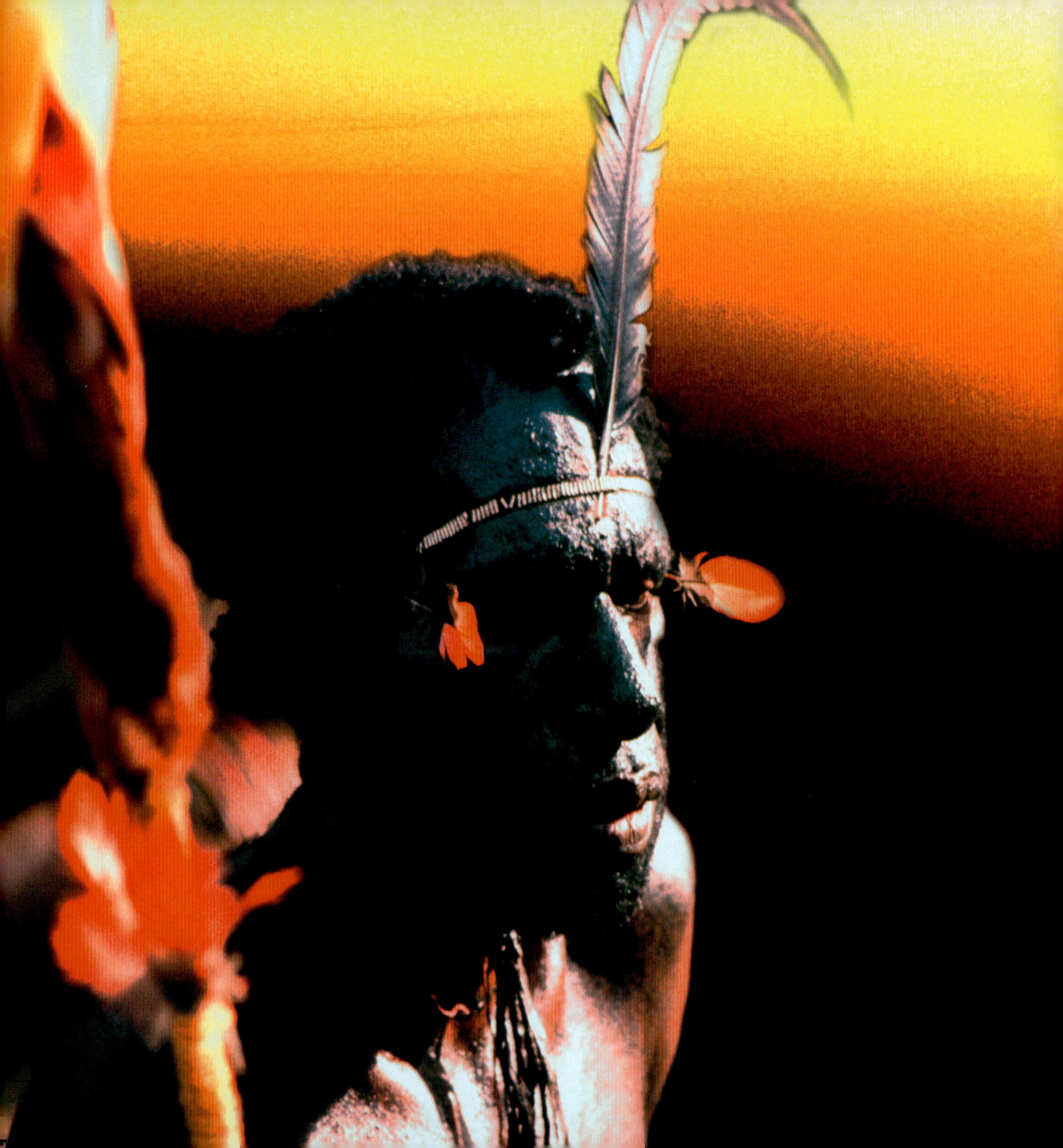

Wünsche dir deine Veränderung
Glaube deiner Veränderung
Werde zu dem, was du glaubst!

Wish for your change!
Believe in your change!
Become what you believe in!

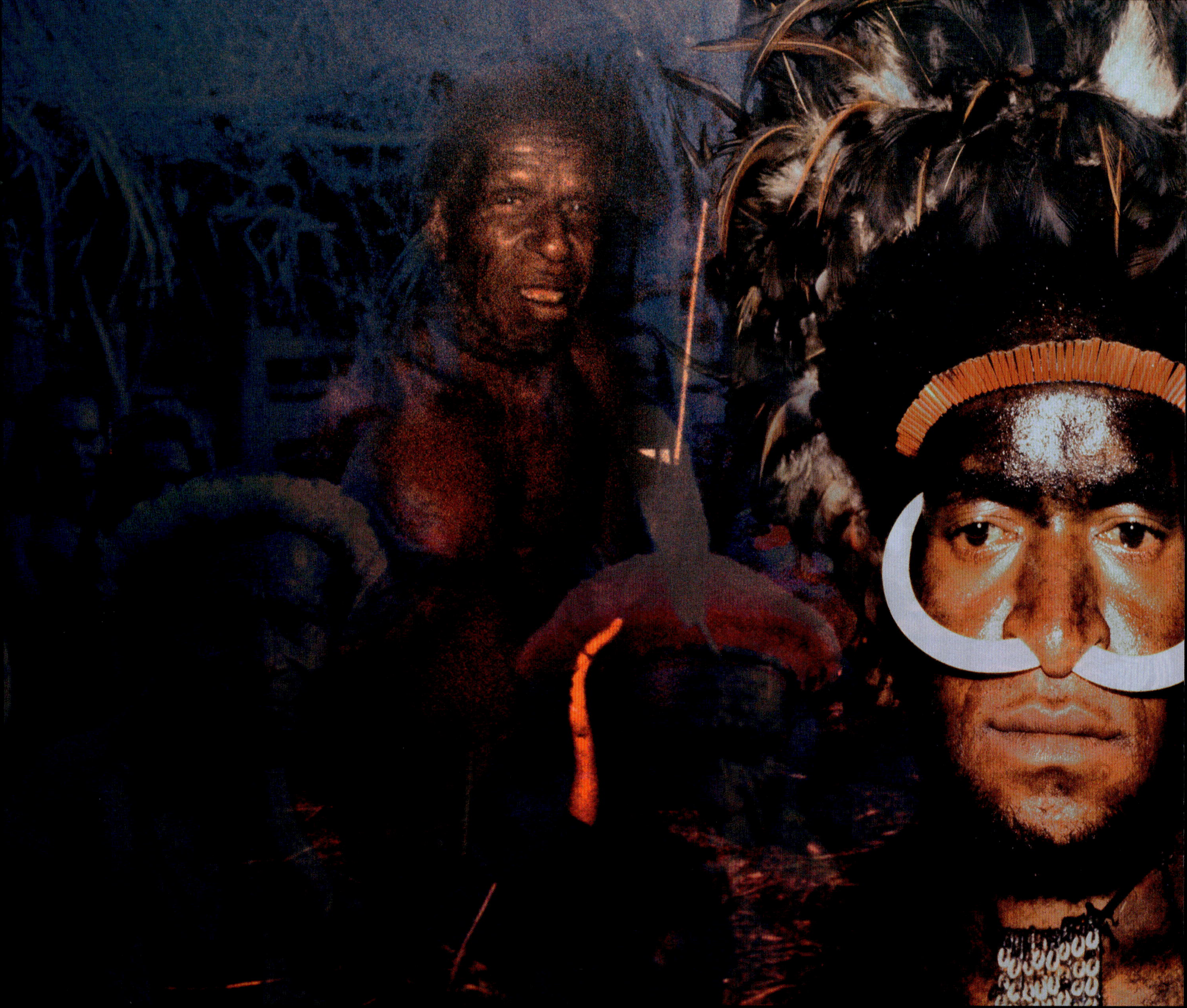

Jede Beziehung, unabhängig von Länge und Intensität, spiegelt dir etwas von deinen Gefühlen, Gedanken und Glaubensmustern.

Every relationship, irrespective of duration and intensity, reflects part of your feelings, thoughts, and beliefs.

Jede Begegnung berührt etwas Wahres in dir.
Je authentischer die Person ist,
mit der du zusammentriffst,
desto mehr wird etwas Wahres in dir
in Resonanz kommen.

Dein tiefstes Inneres weiß, was wahr ist, so klein es auch sein mag. Manche Begegnungen lassen deinen wahren Kern mehr zum Schwingen bringen, andere weniger. Verbringe mehr Zeit mit ersteren!

Each encounter touches something
true inside yourself.
The more authentic the person you meet,
the more it will strike a cord of truthfulness
inside yourself.

Your deepest inner self knows what is true,
however small it may be.
Some encounters will render your true core
more resonant, others less.
Spend more time with the former ones!

107

8 Punkte für ein erfülltes und langes Leben:

- Folge den Prinzipien von Yin und Yang.
- Mäßigkeit beim Essen und Trinken
- Körperliche Übungen entsprechend der Konstitution
- Regelmäßiger Tagesrhythmus
- Vermeide Überanstrengung
- Bleibe ruhig und heiter
- Genetische Stärke
- Sei tugendhaft und weise

Eight steps toward a life fulfilment and longevity:

- Follow the principles of Ying and Yang
- Be moderate with food and drink
- Exercise according to your physical condition
- Seek to find regular day-to-day rhythm
- Avoid over-exertion
- Stay calm and cheerful
- Genetic strength
- Be virtuous and prudent

109

Je mehr du Fürsorge für eine Sache hast,
desto mehr Essenz ist dabei.

The more you care for something
the more substance will come with it.

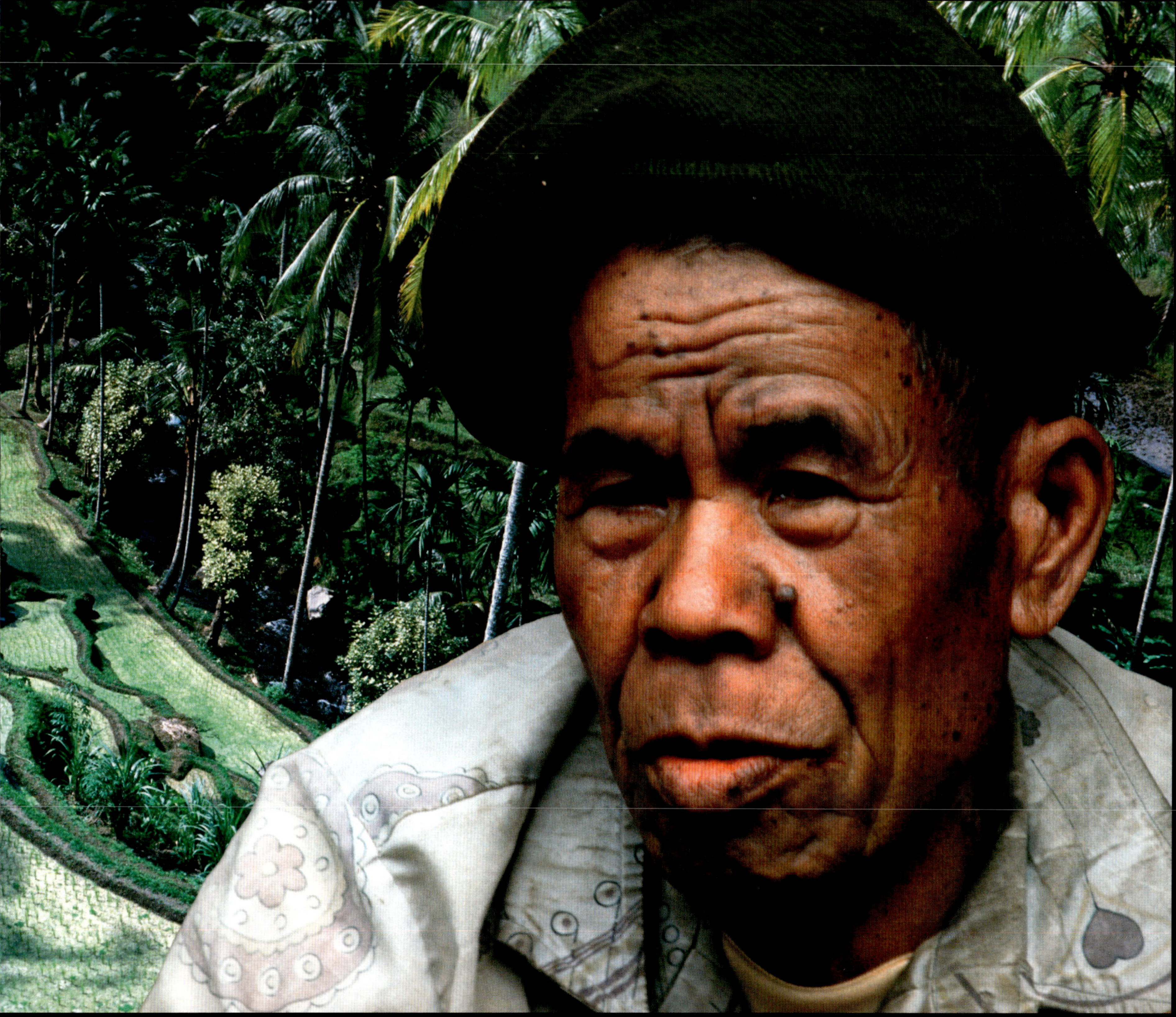

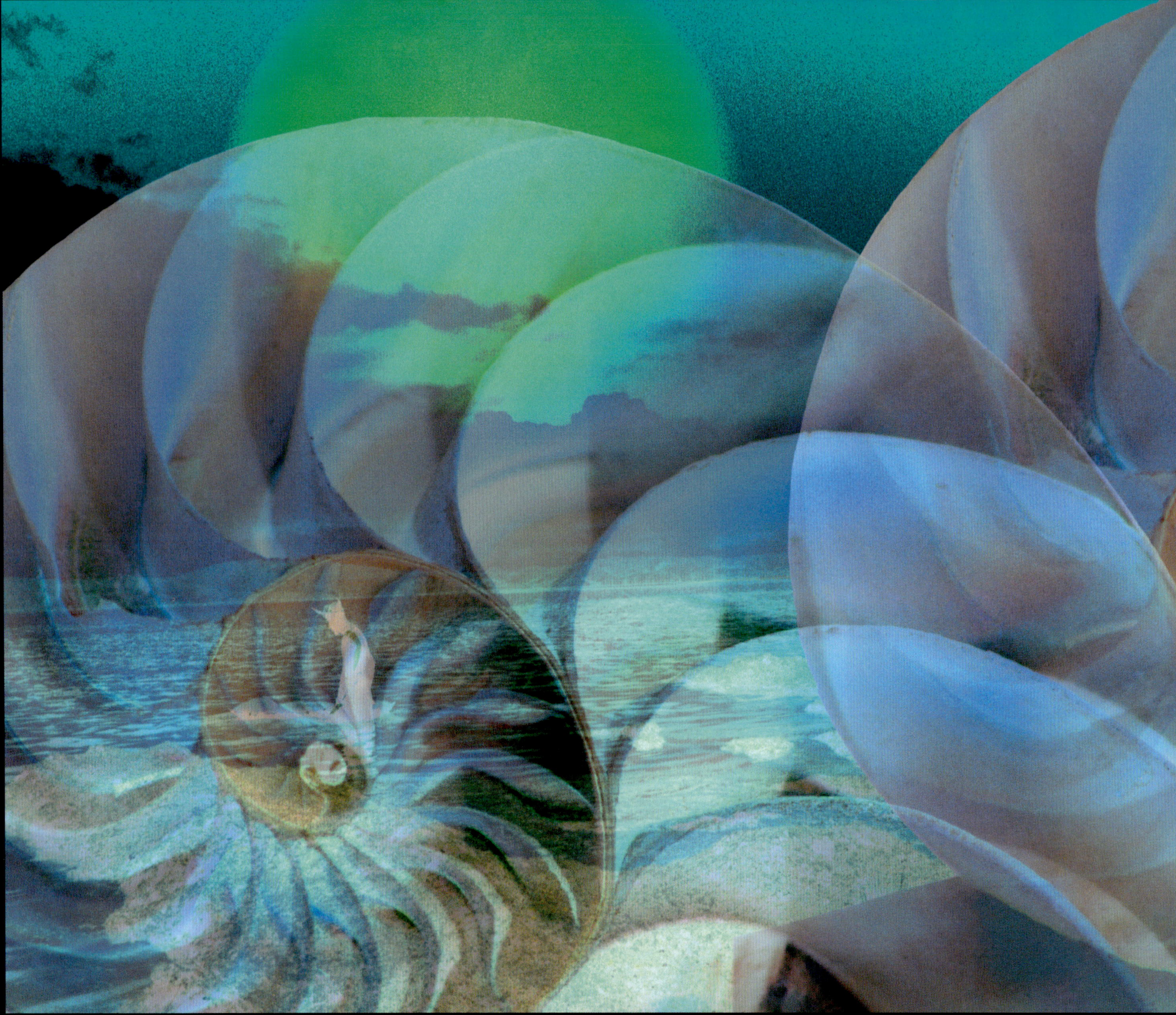

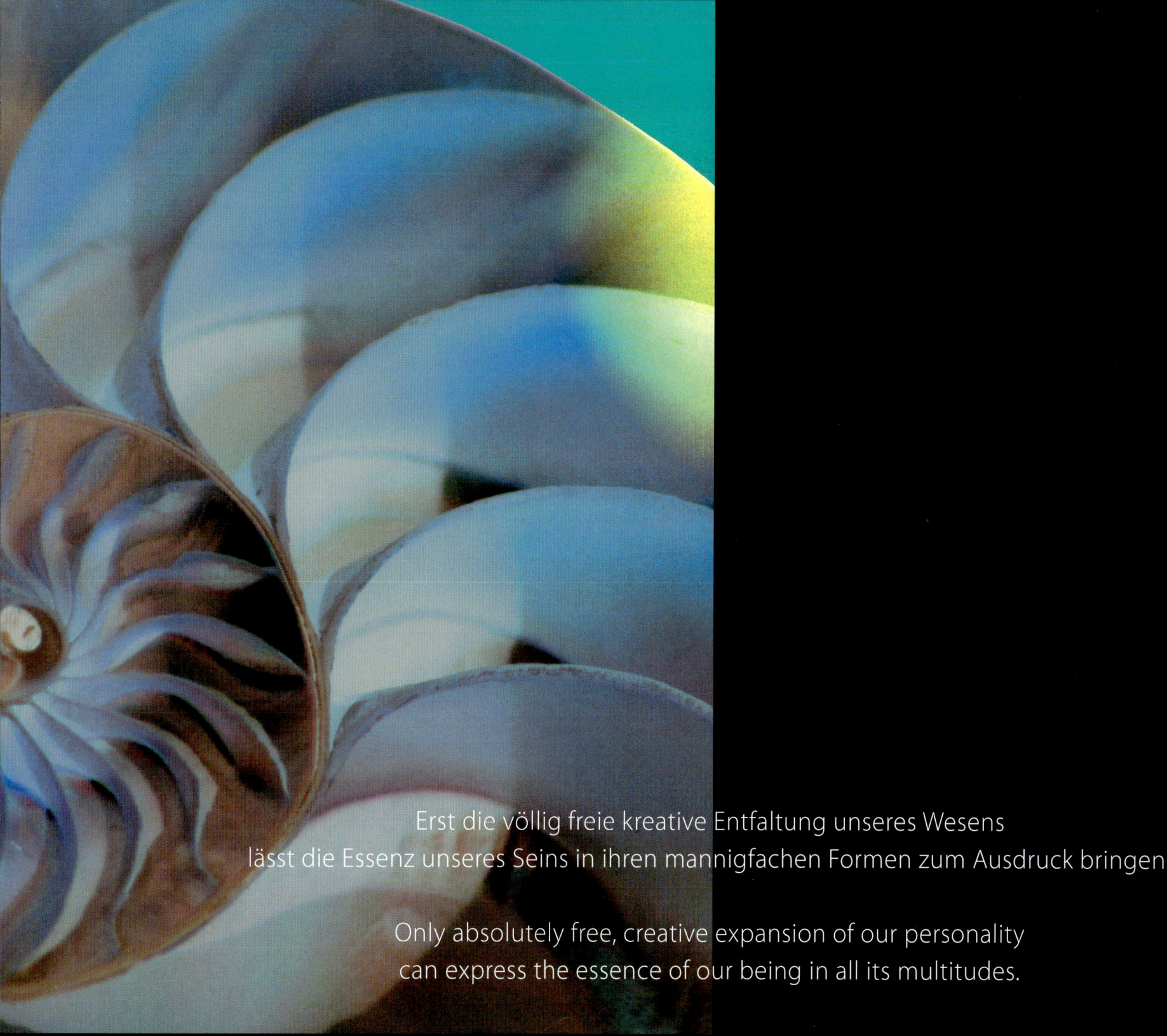

Erst die völlig freie kreative Entfaltung unseres Wesens
lässt die Essenz unseres Seins in ihren mannigfachen Formen zum Ausdruck bringen

Only absolutely free, creative expansion of our personality
can express the essence of our being in all its multitudes.

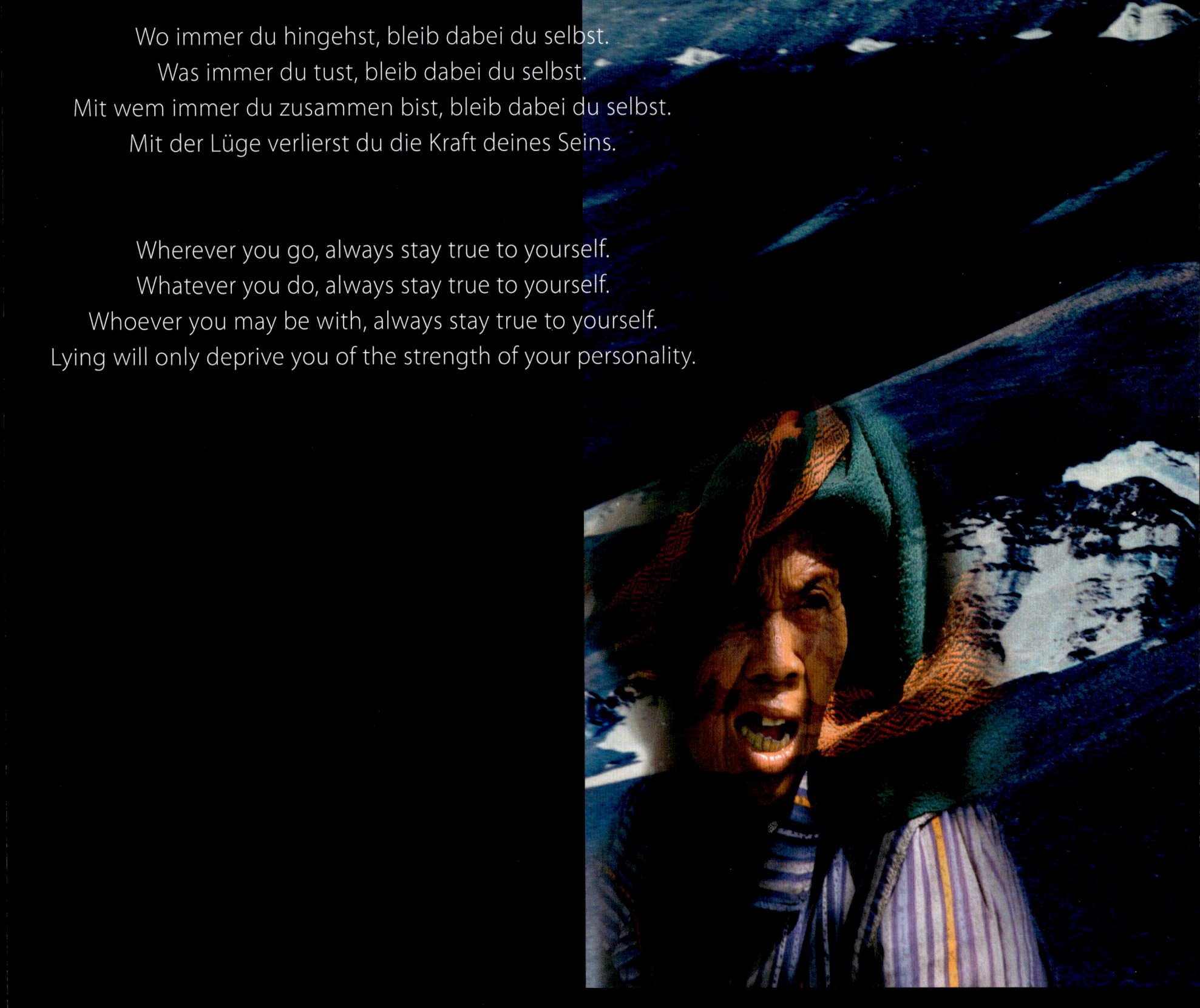

Wo immer du hingehst, bleib dabei du selbst.
Was immer du tust, bleib dabei du selbst.
Mit wem immer du zusammen bist, bleib dabei du selbst.
Mit der Lüge verlierst du die Kraft deines Seins.

Wherever you go, always stay true to yourself.
Whatever you do, always stay true to yourself.
Whoever you may be with, always stay true to yourself.
Lying will only deprive you of the strength of your personality.

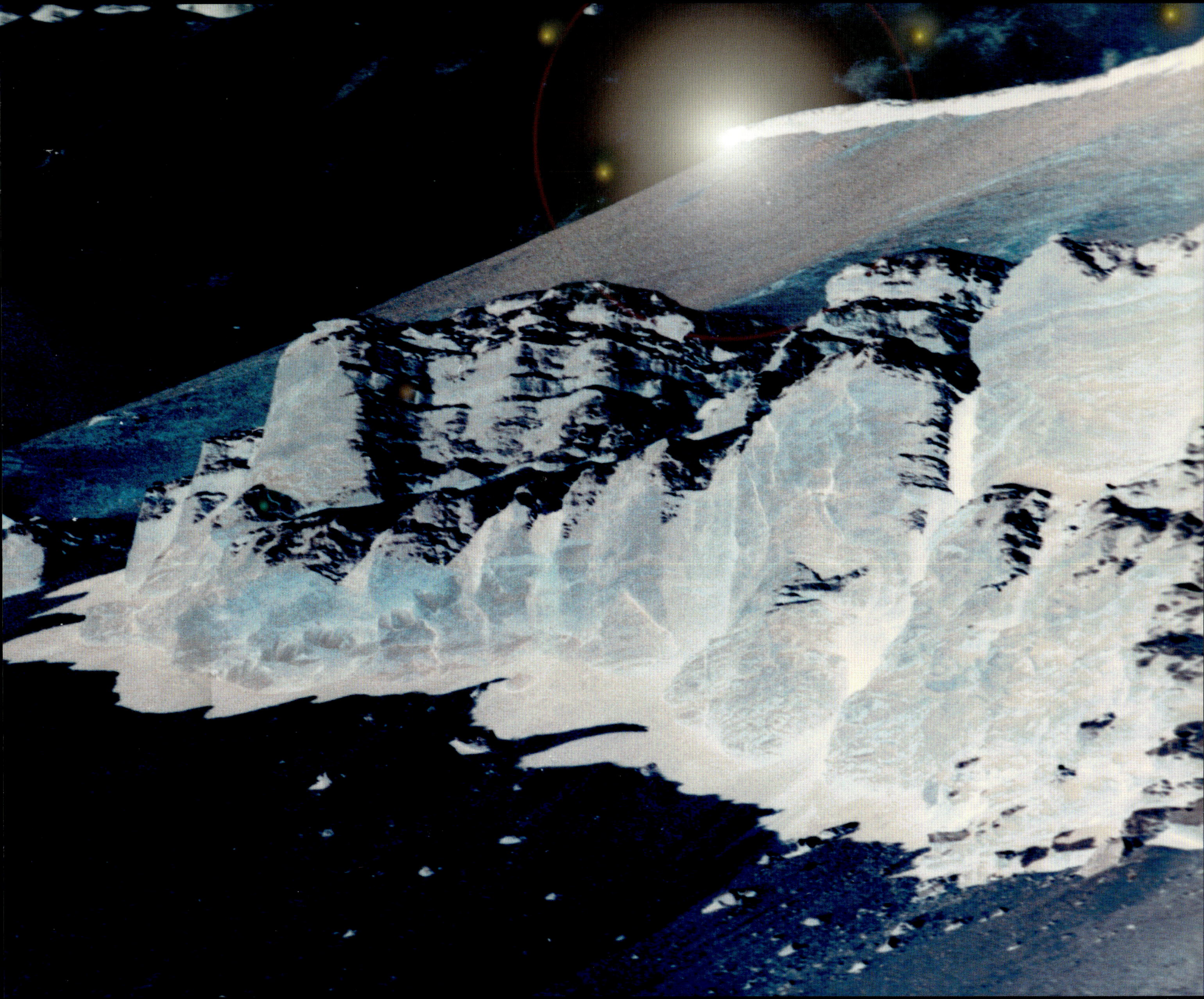

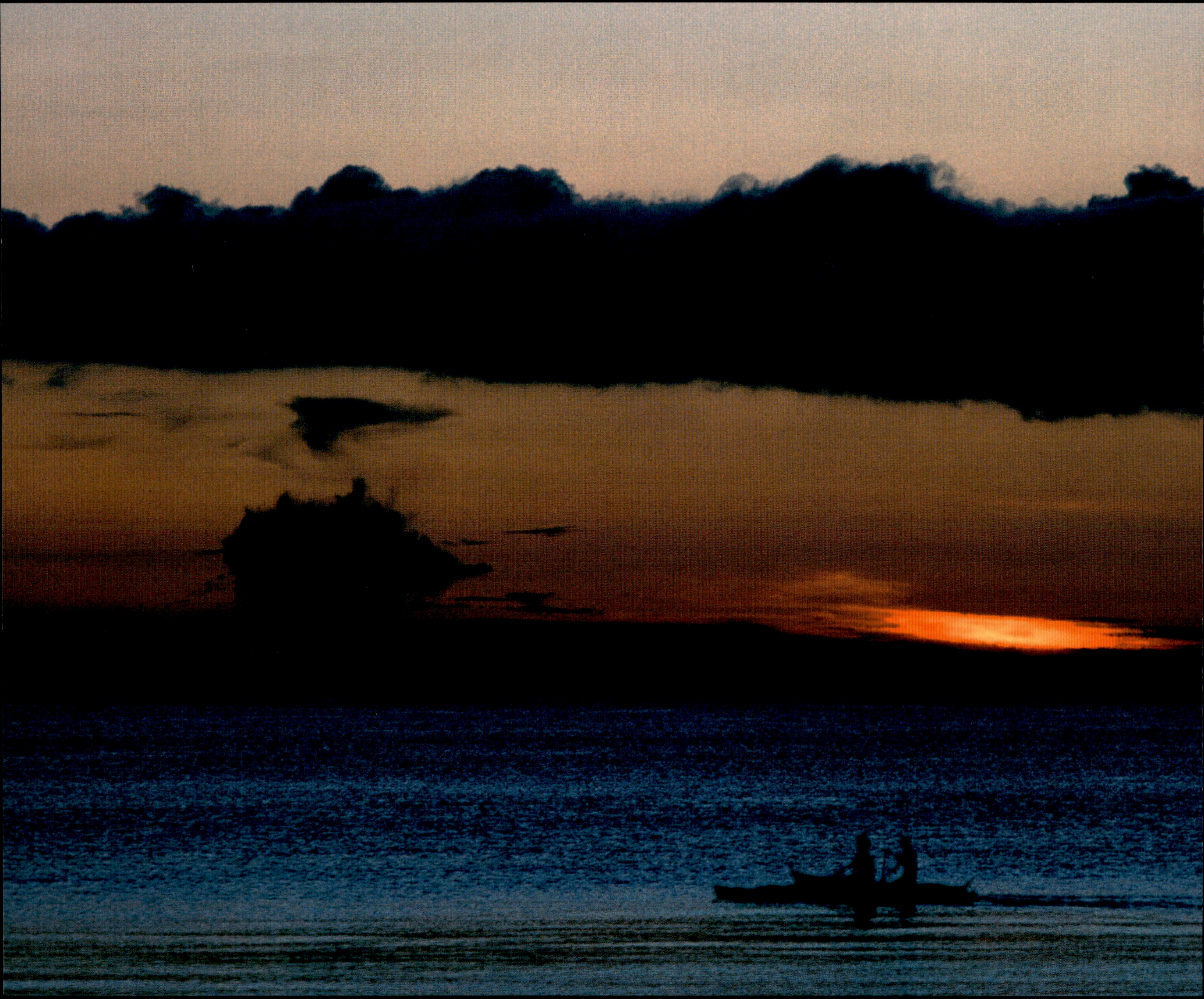

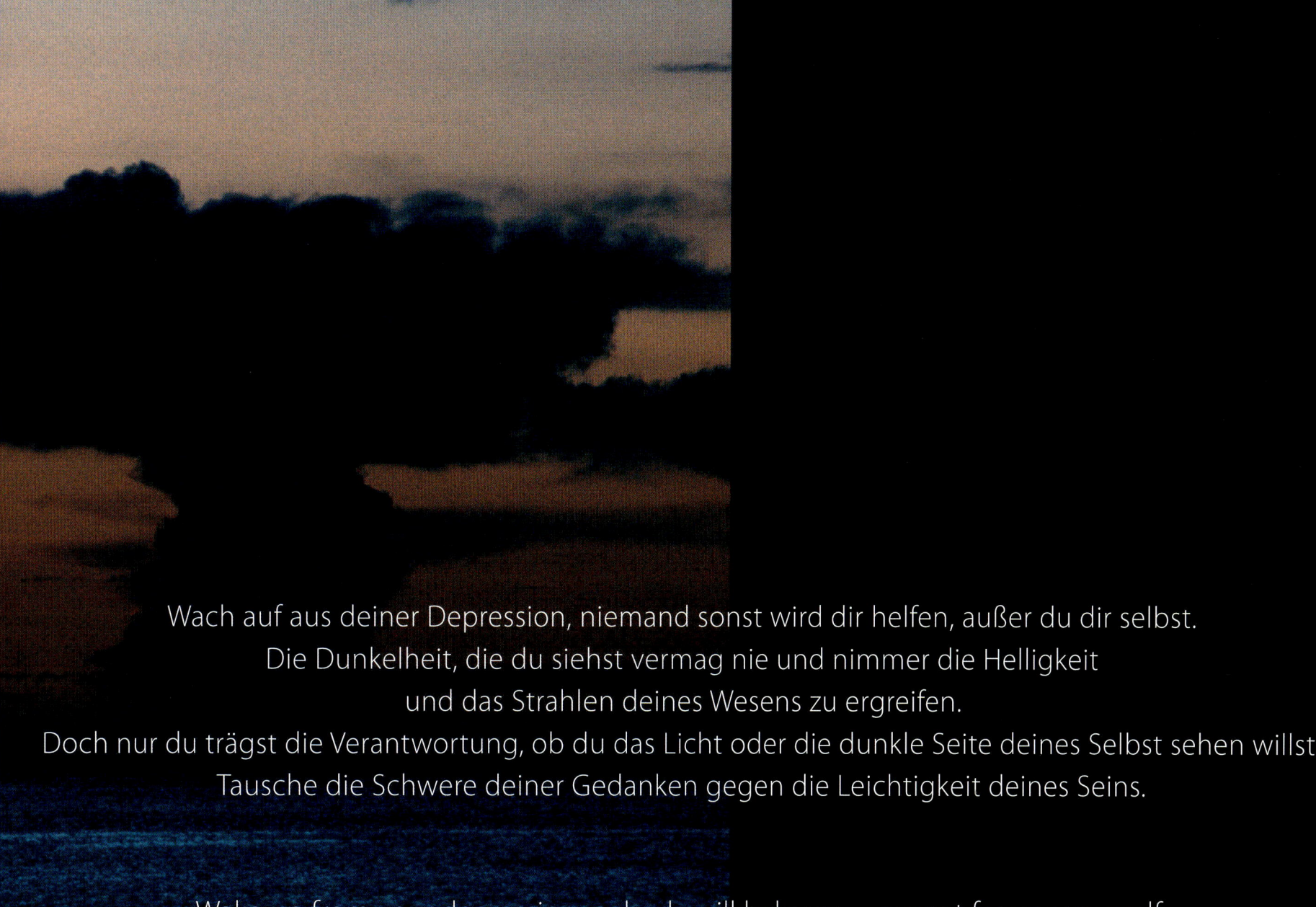

Wach auf aus deiner Depression, niemand sonst wird dir helfen, außer du dir selbst.
Die Dunkelheit, die du siehst vermag nie und nimmer die Helligkeit
und das Strahlen deines Wesens zu ergreifen.
Doch nur du trägst die Verantwortung, ob du das Licht oder die dunkle Seite deines Selbst sehen willst
Tausche die Schwere deiner Gedanken gegen die Leichtigkeit deines Seins.

Wake up from your depression, nobody will help you – except for you yourself.
The darkness which you see will never be able to get a hold
on the light and radiance of your personality.
Only you carry the responsibility for wanting to see the light, or the dark side of your soul.
Trade the gravity of your thoughts for the lightness of your being.

Das Bewusstsein ist eine Emanation des Schöpfers.
Je reichhaltiger das Bewusstsein eines Wesens ist,
desto vielfältiger ist seine Wahrnehmung.
Dieses Bewusstseinsfeld manifestiert sich uns als Wahrnehmungsfeld.

Consciousness is an emanation of our creator. The richer the consciousness of a being, the more manifold are its ways of perception. This range of consciousness manifests itself as our field of perceptibilit

Sind wir Wesen mit freiem Willen,
die das Universum erkunden wollen,
oder sind wir Wesen,
durch die sich das Universum
selbst erkunden will?

Are we personalities with a free will
who want to explore the universe?
Or are we beings through whom
the universe wants to explore itself?

121

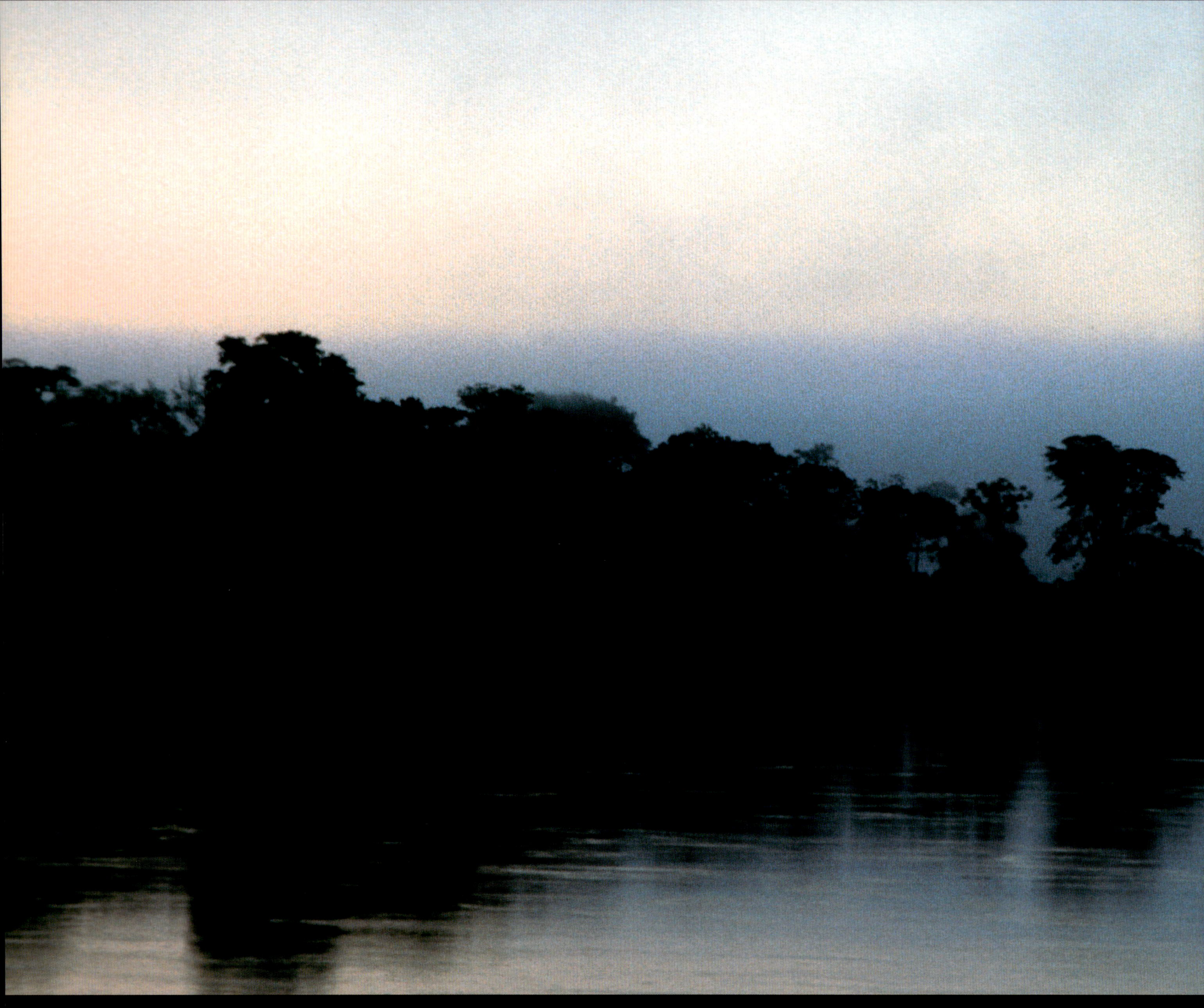

Alles ist mit allem verbunden, wie das Meer,
das als Ganzheit in sich ruht und dessen Wellen sich sehr unterschiedlich offenbaren.
Es gibt nur verschiedene Oberflächen.

Everything is connected to everything, just like the Sea
which, in its entirety, rests in itself, and whose waves present themselves
in many variations. Only different surfaces exist.

Liebe ist die höchstgeartete Energie
und alles was je war und sein wird.

Love is the supreme form of energy, and
everything that ever was and ever will be.

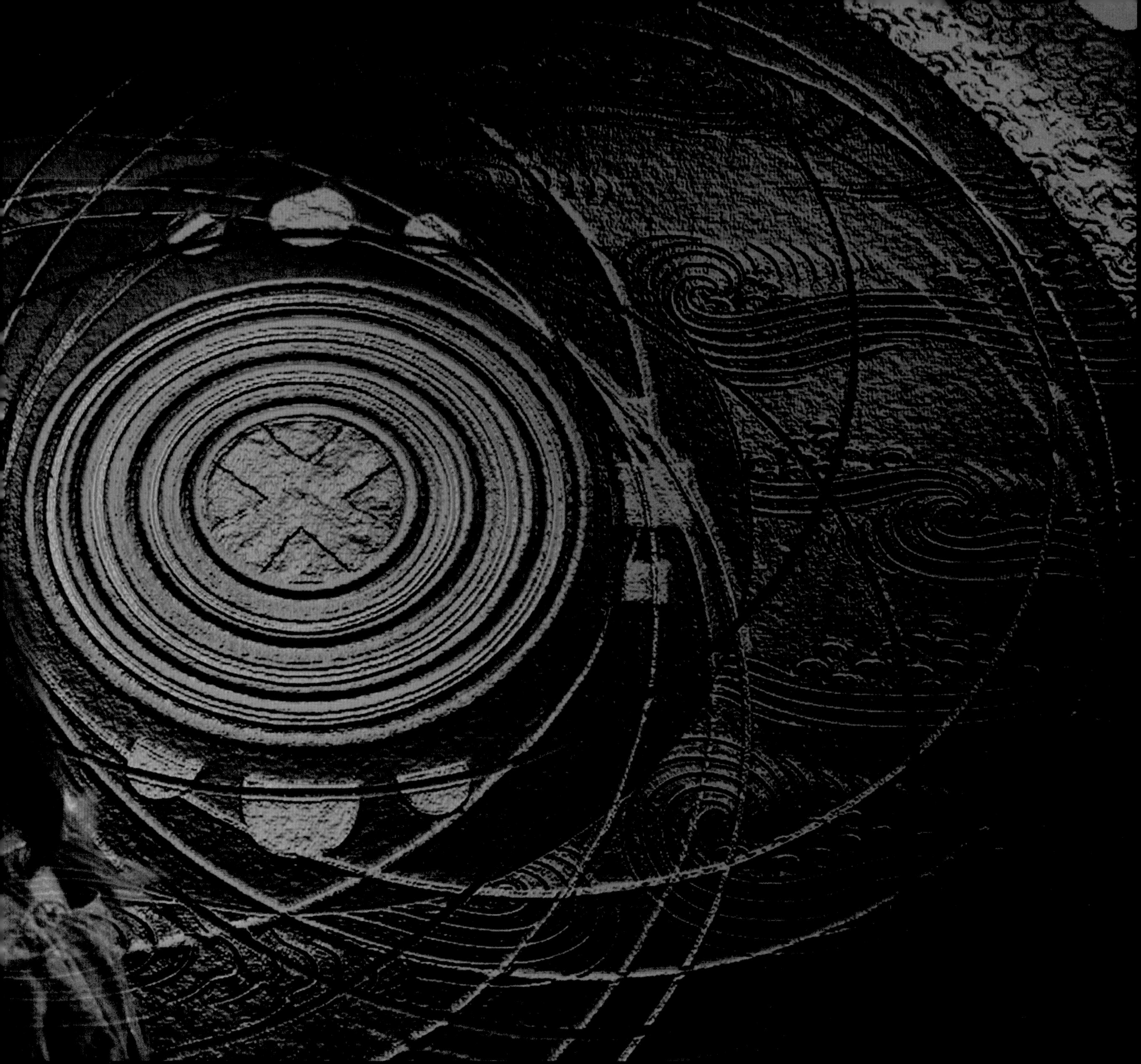

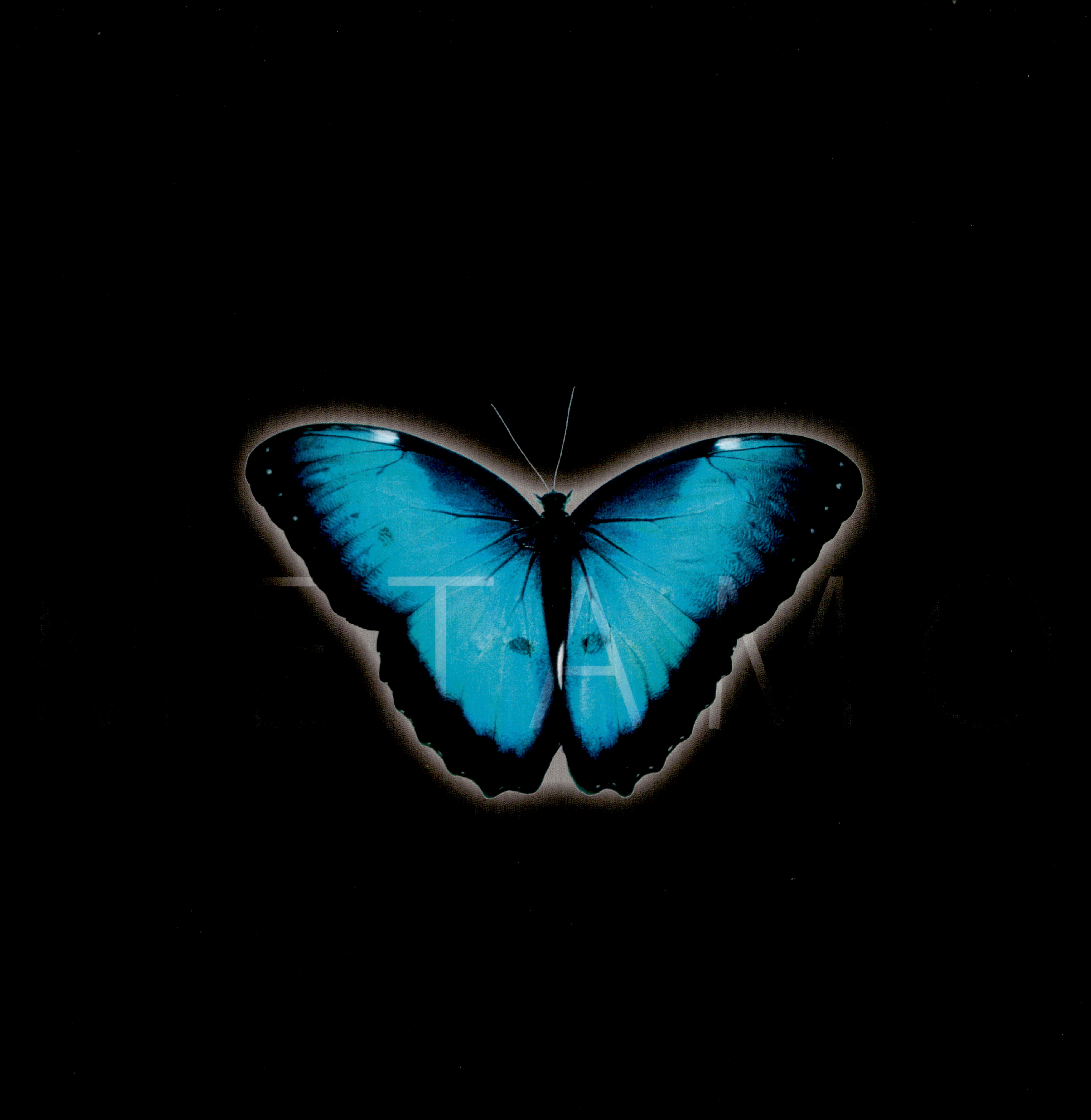

METAMORPHOSEN
Poems

Verändere deine Realität indem du deine Strukturen
veränderst, öffne die versperrenden Gitter deines
Bewusstseins und bringe Licht in die vergessenen
Seiten deines Selbst, sei was du wirklich bist!
Liebe es, dich mit dem Leben zu treffen
im Hier und Jetzt.

Change your reality by changing your structures,
open the locking grids of your consciousness
and lighten up the forgotten aspects of your self.
Be what you really are! Enjoy the date with your life
in the HERE and NOW!

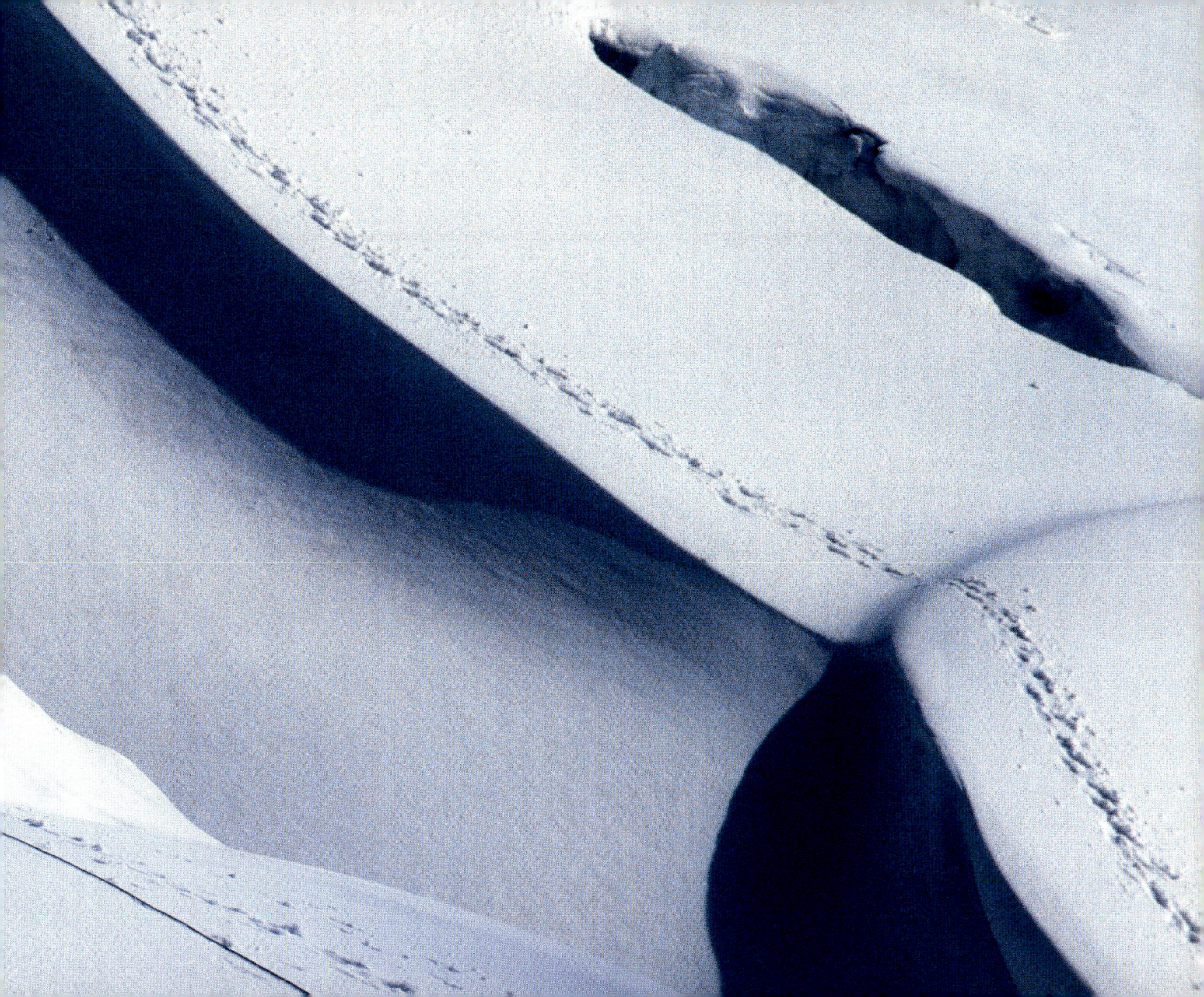

Wer bist du,
der du die Göttlichkeit des Seins in Frage stellst?
Du, der du bist im Moment, erfasst die Göttlichkeit
des Seins aus der Kraft deines Wissens.
Du, und nur du, weißt in deinem tiefsten
Inneren wer du bist und was du bist.
Du bist alles was du weißt, kennst und je sein wirst.

Who are you to question the divineness of being?
You, who exists but for a moment, grasp the divineness
of being from the power of your knowledge.
You - you only - know from your deepest inside
who you are and what you are.
You are everything you understand, know,
and what you will ever be.

Erst die völlig freie kreative Entfaltung unseres
Wesens lässt die tiefe Essenz unseres Seins in all ihren
mannigfachen Formen zum Ausdruck bringen.
Gelingt es uns, Anschluss zu jener in uns allen
vorhandenen schöpferischen URKRAFT zu finden,
können nicht nur Heilungsvorgänge Teil eines
natürlichen Prozesses werden, sondern es wird auch
eine neue Selbstverständlichkeit zur Erfahrung des
eigenen Selbst erwachsen.
Die Leere des Geistes wird die Fülle des Lebens gebären.
Eine Geburt im Hier und Jetzt.

Only completely free and creative development of our
inner self brings to the fore the profound essence
of our being in a multitude of ways.
If we succeed in connecting with the very creative,
primordial power present in all of us, we will not only make
healing processes part of a natural development, but we will
render recognition of one's own self a process that comes naturally.
The emptiness of mind will give birth to the abundance of life.
A birth within the Here and Now.

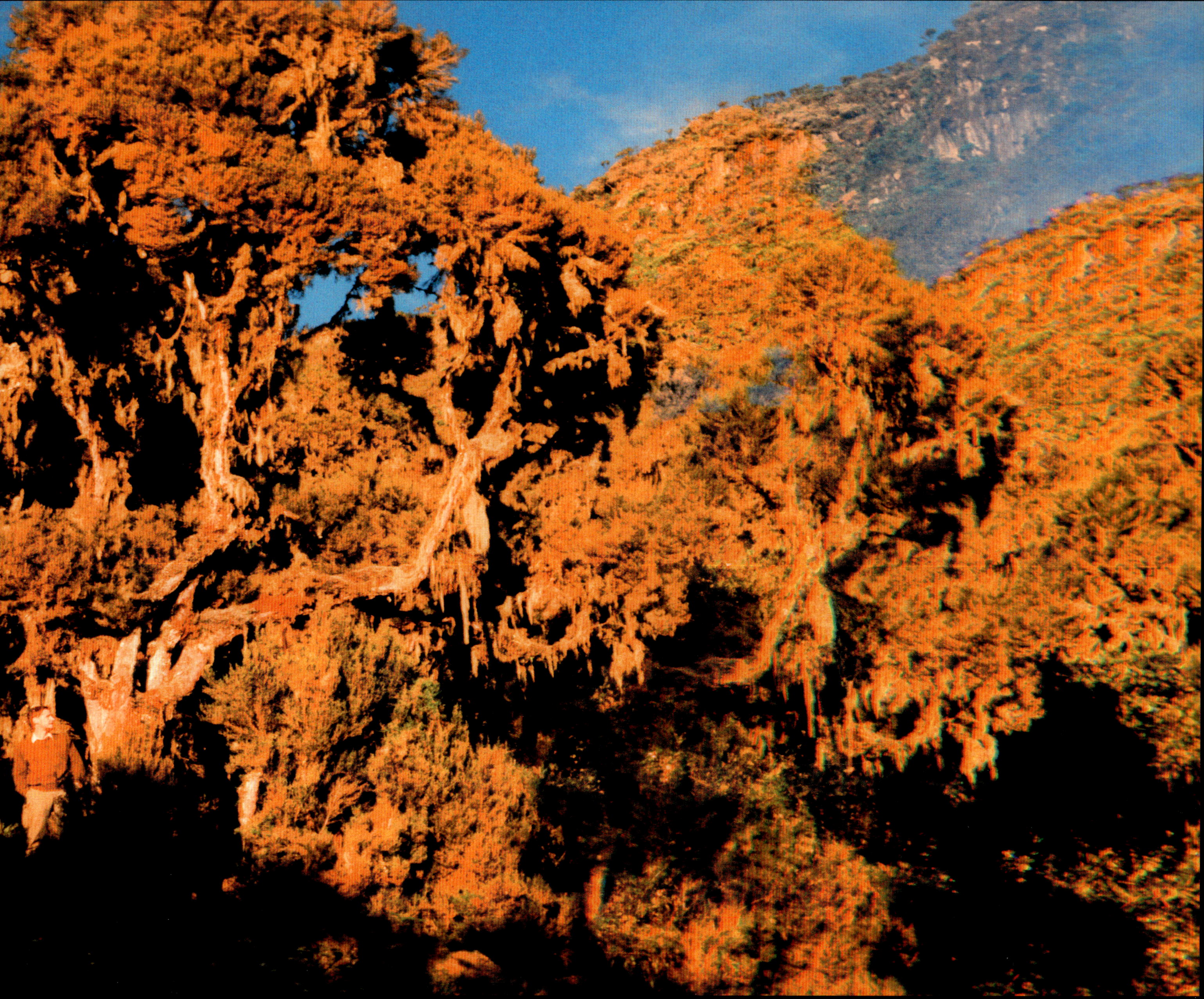

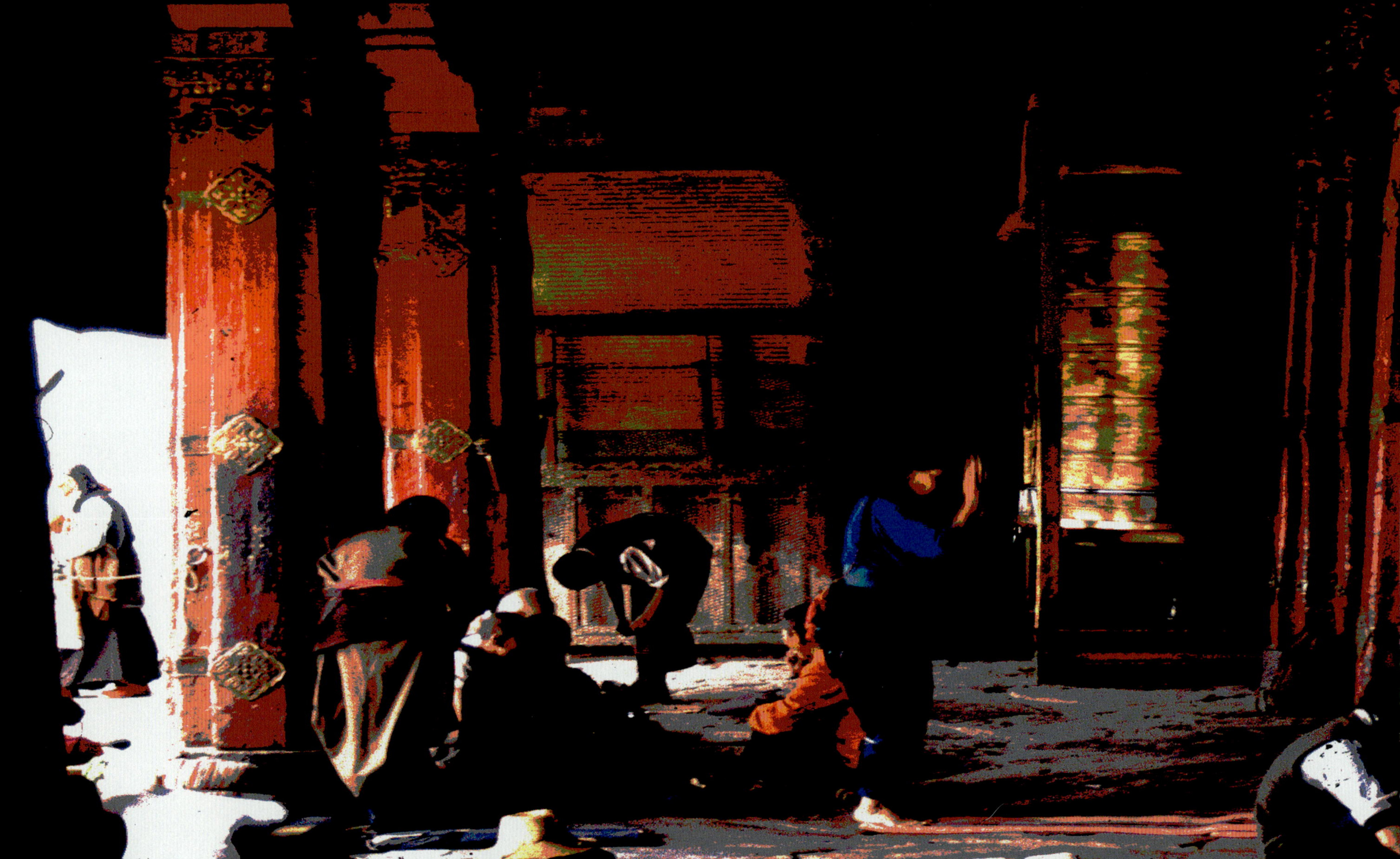

Vertraue dem Teil in dir von dem du sicher weißt, dass er wahr ist.
So klein er auch sein mag, du weißt es, dies ist dein Referenzteil.
Beziehe dich darauf und du wirst mehr sehen.
Beziehe dich nicht darauf, was du innerlich nicht sehen kannst.
Wissen aus anderen Quellen ist „second hand",
dem du nicht vertrauen kannst.

Du selbst bist die göttliche Quelle!
Jener kleine Teil in dir, der wahrhaftig ist, wird immer
in Resonanz mit der universellen Quelle sein.
Erfährst du Wissen aus anderen Quellen, werden jene Teile daraus,
die wahr sind, mit jenem wahrhaftigen Referenzteil in dir in
Resonanz gehen und so weißt du, was echt und was verwerfbar ist.

Trust that part within yourself which you know is truly genuine.
As small as it may be, you know it, this is your point of reference.
Refer to it and you will see more.
Do not refer to what you cannot see within yourself.
Knowledge from other sources is "second hand" which
you must not trust.

You yourself are the divine source!
That small part within yourself that is true will always be
in resonance with the universal source.
By receiving knowledge from other sources,
those parts of them which are true will communicate with
the genuine points of reference within yourself – thus allowing
you to determine what is real and what can be thrown away.

Aus dem Chaos des Alltags erwächst die Stille des SEINS.
Aus der Stille des SEINS gebärt sich die Transformation des Wissens.
Die Stille ist ein Ort des Seins, deren Leere mich zur Fülle führt.
Ich will immer weiter kommen!
Doch vielleicht ist es Zeit, stehen zu bleiben und sich in der Stille
und Leere des Seins zu verlieren.

From the chaos of every day life grows the silence of BEING.
From the silence of BEING grows the transformation of knowledge.
Silence is a place of being whose emptiness guides me to abundance.
I want to proceed farther and farther! But maybe it is time to stop,
and to get lost within the silence and emptiness of being.

137

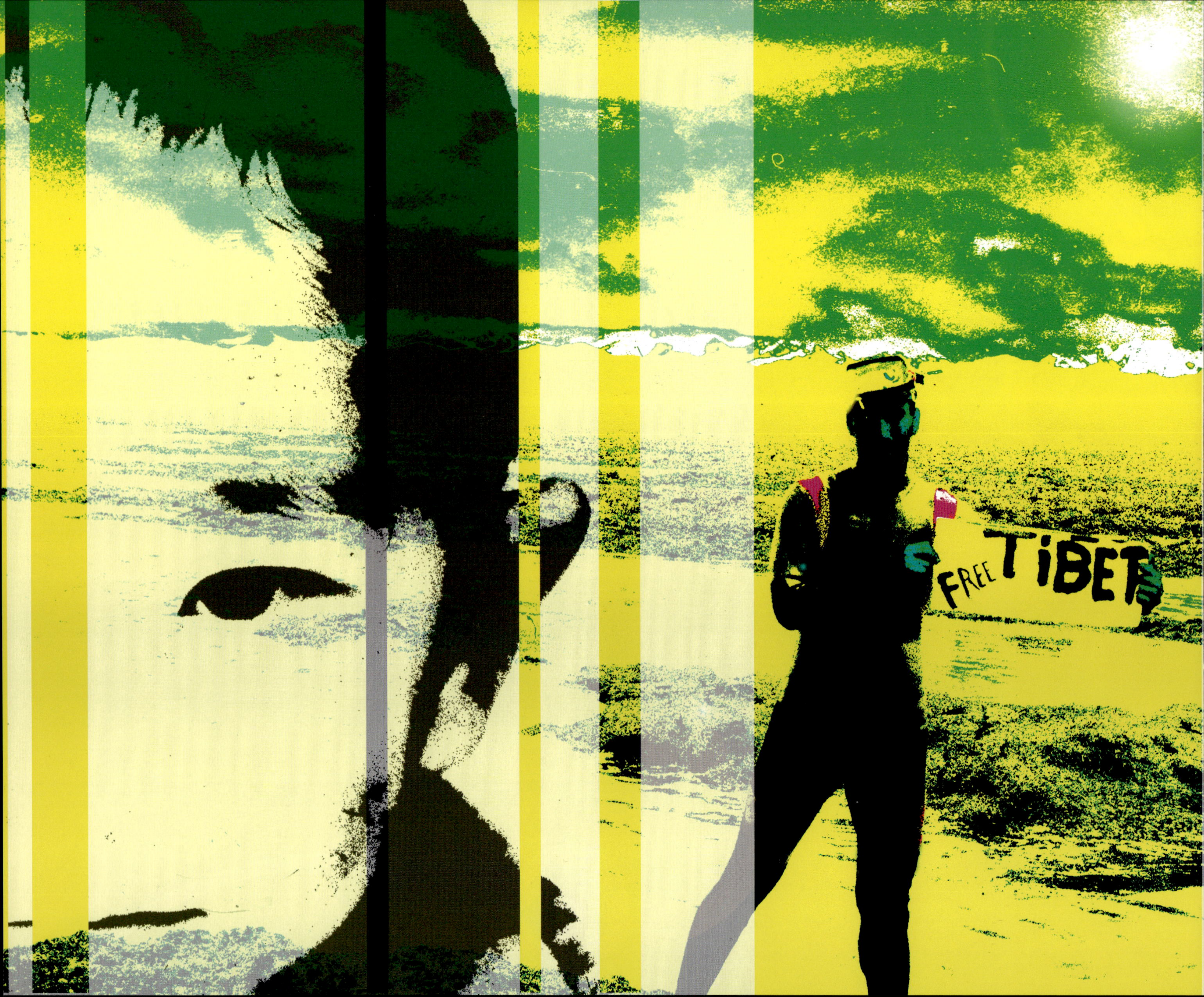
FREE TiBET

Du veränderst die Realität – deine Realität.
Du stellst die Weichen, du hast die Wahl. Du hasst die Wahl?
Warum gibst du die Zügel aus der Hand?
Wieso lässt du den Dingen freien Lauf?
Wieso kann man dir Gewalt antun?
Bist du nicht der Meister deines Lebens? Gehe tiefer.
Werde offener und sanfter. Sei eine Blume im Sturm des Lebens
deren Anblick dein Herz zum Erblühen bringt.
Du siehst sie so klar, deine Muster und Strukturen.
Und immer wieder wirst du von deinen täglichen Fallen
eingenommen. Wie oft musst du über den selben Stein
stürzen, bevor du ihm ausweichst?
Wie viel Leid wirst du noch ertragen,
bevor du nach Veränderung suchst?
Doch solange du nur suchst, wirst du sie nie finden.

You change the reality - your reality. You set the course.
You have the choice. You hate the choice?
Why do you let go of the reigns?
Why to you allow things go unchecked?
Why do you allow yourself to be harmed?
Aren't you the master of your life? Go deeper.
Become more open and softer.
Be a flower in the storm of life whose sight makes your heart flo
You see them so clearly - your patterns and structures.
And time and again you are caught by your daily traps.
How often do you have to trip over the same stone,
before you step aside?
How much pain are your still prepared to suffer,
before you seek change?
But as long as you just search for it you will never find it.

Wake up and fly!
Aber du musst die ersten Schritte tun.
Und denke immer daran – du bist nicht allein.
Du wirst immer, wenn es nötig ist, die richtigen Menschen treffen
und Informationen bekommen, die dich auf deinem Weg unterstützen.
Just go – now. And don't stop to look back!
Die ganze Kraft des Universums ist bereits in dir vereint, doch erst
durch die Entdeckung des bewussten Unbewussten kann die
Teilheit zur Ganzheit werden und du dir deiner selbst wieder
bewusst werden.

Wake up and fly!
But it is you who has to take the first step.
And always remember – you are not alone.
When necessary, you will always meet the right people
and receive the kind of information that will help you on your way.
Just go – now! And don't stop to look back!
The whole power of the universe is already in unison with you.
Still, it is only by discovering the conscious unconscious
that partiality can evolve into wholeness,
 allowing you to become aware of your self again.

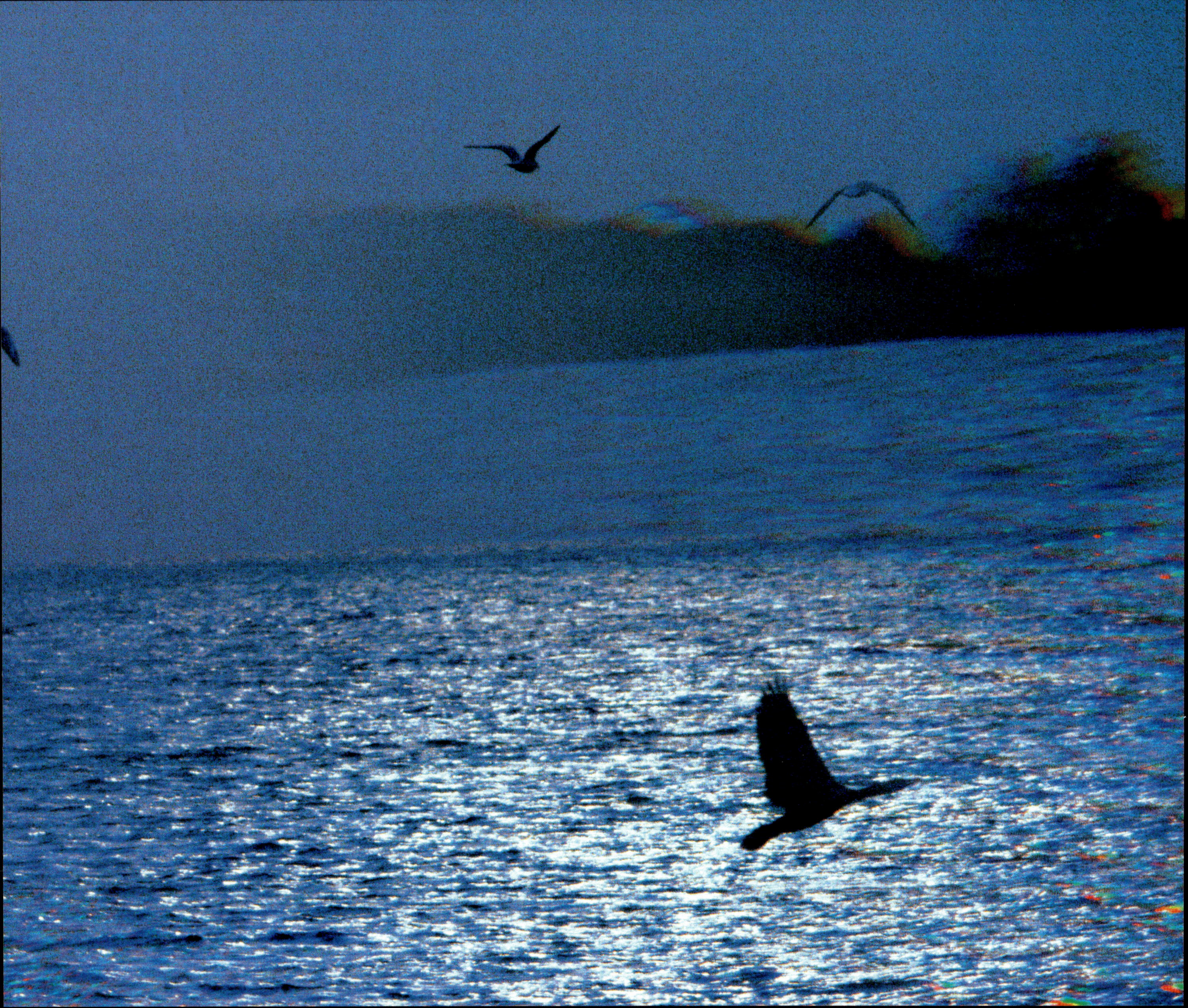

Deine Gedanken verwirren dich.
Deine Worte bringen das Verwirrte zum Ausdruck.
Deine Sinne täuschen dich,
deine Handlungen enttäuschen dich.
Dein Leben verbirgt sich.
Nur das Wahrhaftige in dir sieht klar, denkt klar,
handelt klar und ist klar.
Religionen unterdrücken uns.
Politiker manipulieren uns.
Gesellschaftssysteme verwirren uns.
Medien verblöden uns. Agonie oder Leben ?
Bist du Schaf oder Löwe? Wach auf und brülle!
Du bist mehr als man dich glauben macht!

Your thoughts confuse you,
your words express the confusion.
Your senses deceive you,
your actions disappoint you.
Your life hides from yourself.
Only the true essence within yourself sees clearly,
thinks and acts clearly, and is clear itself.
Religions restrain us.
Politicians manipulate us.

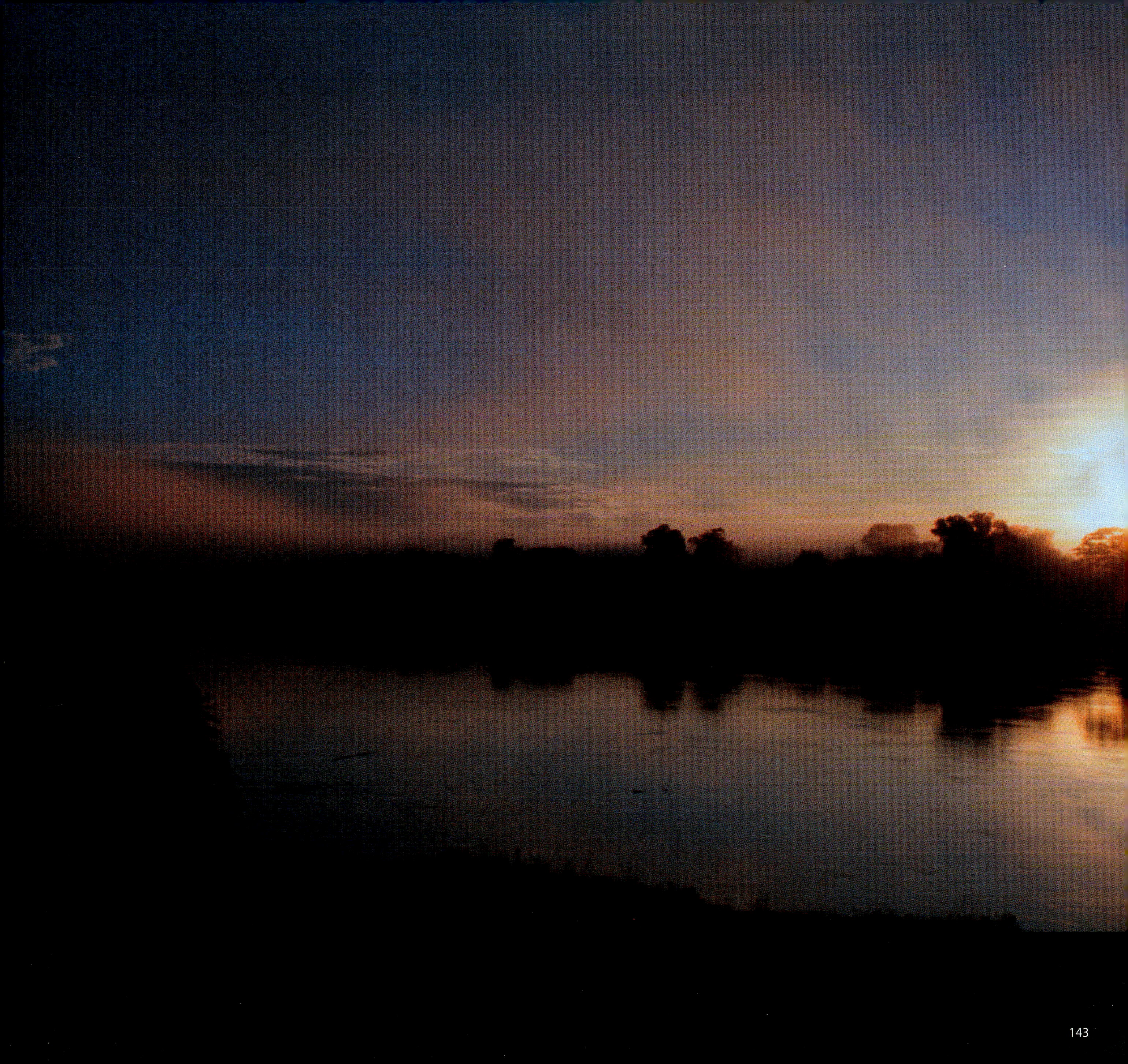

Willst du das Unerklärliche erklären,
das Unbegreifbare begreifbar machen,
das Unfassbare erfassen?
Welche Tore musst du öffnen?
Wer hat die Schlüssel?

Do you want to explain the inexplicable,
fathom the unfathomable,

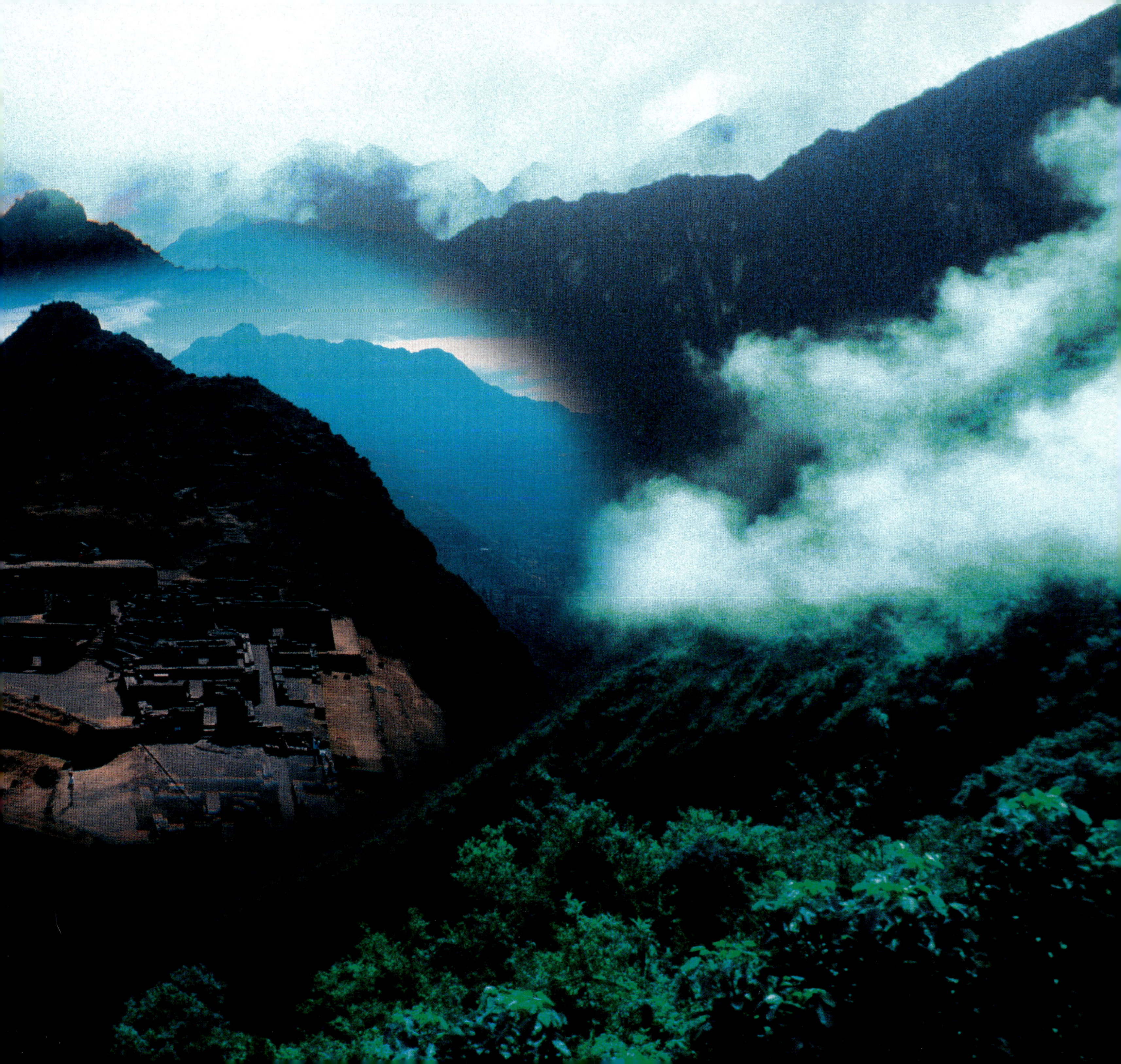

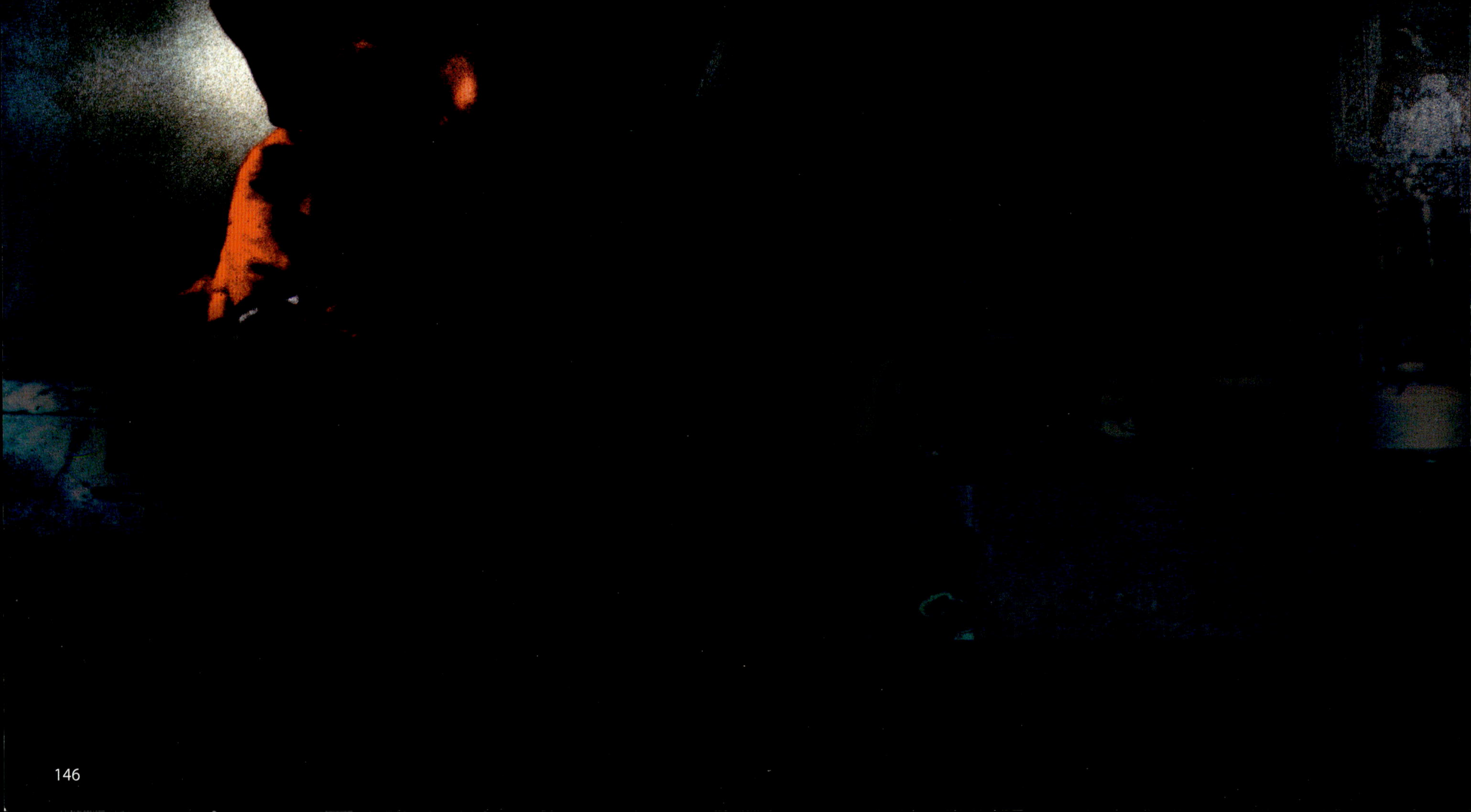

Willst du das Unbekannte kennen lernen musst du dich selbst kennen lernen.
Willst du das Unglaubliche glauben musst du selbst glaubhaft werden.
Willst du das Unbegreifliche greifbar machen musst du dich selbst begreifen.
Willst du das Unscheinbare scheinbar machen musst du selbst erscheinen.
Die Kraft des Göttlichen liegt in DIR .

If you want to get to know the unknown, get to know yourself.
If you want to believe the incredible, be credible yourself.
If you want to make comprehensive the incomprehensible, comprehend yourself.
If you want to make conspicuous the inconspicuous, appear yourself.
The power of heaven lies within YOURSELF.

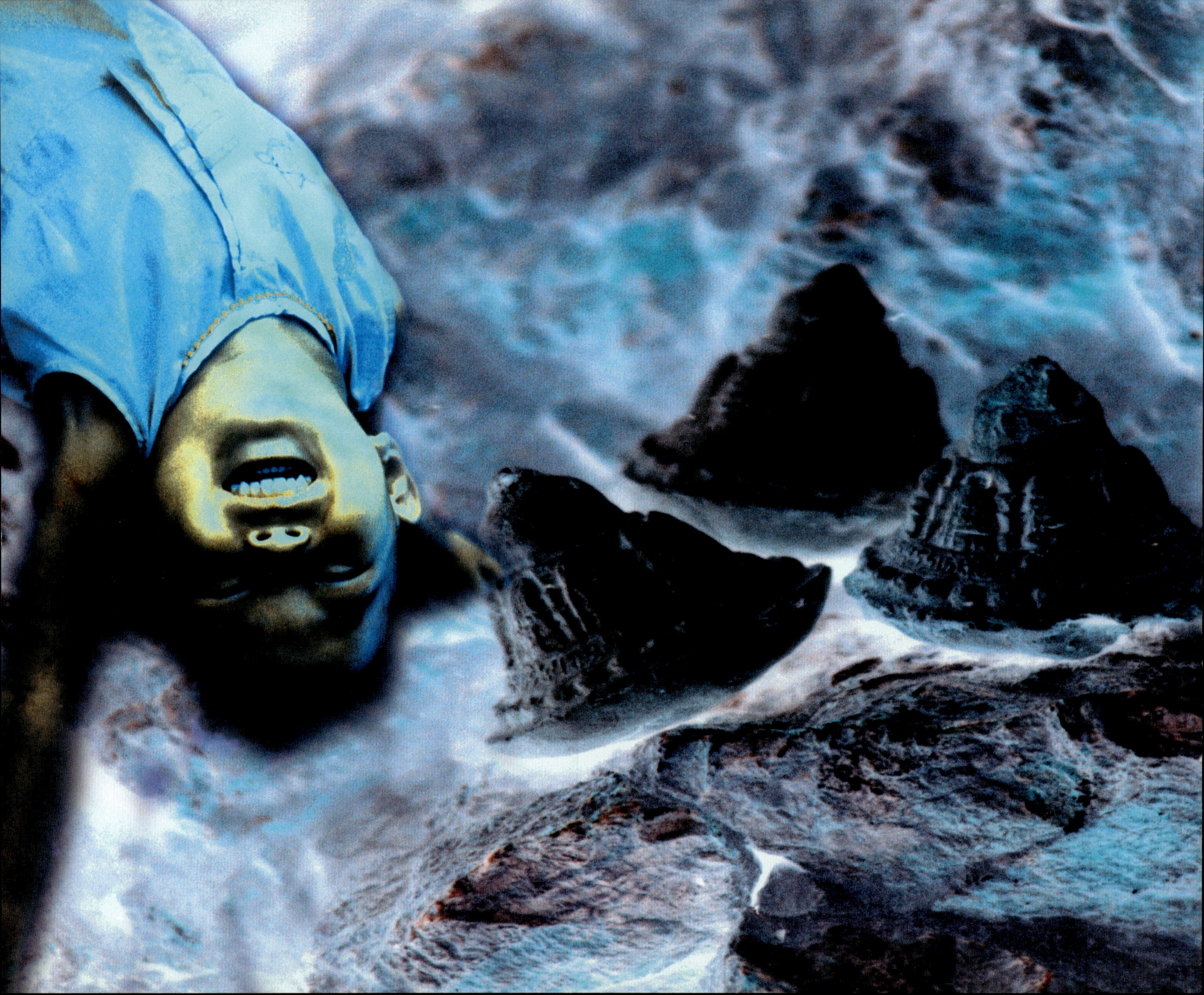

Mein Herz lacht, wenn ich in die Tiefe deiner
Augen sehe. Wissen von einem großen Band,
gespannt zwischen den Seelen unserer Wesen,
Wissen um eine tiefe Liebe. Geboren aus der Tiefe des Seins.
Gefunden und verbunden auf der Suche
nach Wahrhaftigkeit des Seins treiben wir
durch den Strom des Meeres,
zeitweise erschüttert durch die Stürme des Lebens,
doch im Bewusstsein, dass sie nur an der Oberfläche stattfinden
und die Tiefe des Meeres - unseres Meeres - nicht berühren.
Being touched by the words of your wisdom,
my true being matches your own.

My heart laughs when I look into the depth of your eyes.
Cognition from a broad band clamped between the souls
of our beings, knowing about a deep love.
Born in the depth of being.
Discovered and united in the search for truthfulness of being
we drift through the stream of the Sea,
shaken from time to time by the storms of life,
yet still aware that they merely occur on the surface,
but never touch the depth of the Sea - Our Sea.
Being touched by the words of your wisdom,
my true being matches your own.

Aus dem Chaos geboren werden, von Meereswogen emporgehoben,
Lichtstrahl in der Dunkelheit, die Begegnung mit dem innersten Gefühl des Selbst.
In manchen Momenten dieses fast vergessene Urvertrauen,
das mein Innerstes umspült, mich nährt.
Eine Wärme, die mein Bewusstsein nie erlebt hat -
unterbewusst erahne ich diesen Zustand und spüre ihn als Lebensenergie.
Nicht massiv oder bedrohend, nicht überwältigend, nicht fordernd.
Ein Gefühl wie sanftes Fließen des Lebenssaftes
in kleine Zweige die auszutreiben beginnen,
immer verbunden mit der Quelle, dem Ursprung allen Lebens.
Ein Wachsen und Sprießen, eingebettet in die Zeit, in unendliche Geduld, ohne Hast,
in der Gewissheit der Vollkommenheit jedes Einzelnen und der ganzen Schöpfung.
Hier sein um zu lernen, dass das Leben nur in der Gemeinsamkeit mit dem Innersten,
diese Leichtigkeit und Kreativität erhalten kann, die nicht zerstört, sondern schafft.
Noch spüre ich diesen Körper an vielen Stellen als Schmerz, ein Halten an Mustern,
der Schmerz wird sogar größer, wie ein Panzer, der von innen heraus birst,
doch langsam genug um den Schmerz zu spüren und ihn doch noch aushalten zu können.
Letzte Reste dieses „nicht glauben Könnens" an die ständige Neuerschaffung unseres Selbst.
Diese vollkommene Liebe, die uns erschafft, die in uns ist und gleichzeitig in allem anderen,
verbindend, gebend, in allem enthaltend und in Jedem Einzigartiges formend,
Kreativität ohne Grenzen, ohne Wertung, ohne Dominanz.
Vielfalt, im Wissen um die Einheit.
Vielfalt, die nicht entarten kann, da Entartung sich selbst limitiert,
weil sie der Schöpfungsidee widerspricht.

Irene Kobau

To be born out of chaos lifted up by waves of the ocean, a ray of light in the
darkness, the encounter with the innermost perception of one's self.
At certain moments this almost forgotten innate confidence
that encircles my innermost self, nourishing me.
Warmth which my consciousness never experienced –
Subconsciously, I sense this, experience it as the energy of life.
Not massive nor threatening, not overwhelming nor demanding.
A sensation, like the gentle flow of life's nectar into little twigs about to foliate.
Forever connected with The Source, the origin of life itself.
A growing and sprouting, embedded into time, in infinite patience without haste
Cognizant of the individual's perfection, and that of the universe.
Being here to learn that it is only through unity with your innermost self
that life can sustain this ease and creativity which do not destroy, but create.
Yet, I still sense this body as pain in many locations, a retaining of patterns,
while the pain is increasing, like a shell that breaks open from inside,
though still slow enough to feel the pain while still able to bear it.
Last fragments of this "I-cannot-believe" in the permanent renewal of ourselves.
This perfect love which creates us – which rests inside us,
yet at the same time inside everything else, uniting, giving, omnipresent,
forming something unique in every single one of us.
Creativity without limitation, without judgment, without superiority.
Variety while knowing about oneness.
Variety, that cannot degenerate, as degeneration is limited by itself,
because it contradicts the very concept of creation.

Irene Kobau

Was für ein Leben, welche Seligkeit
In dieser Zeit hier zu sein,
fließender Nektar in unseren Körpe[rn]
ausströmend durch Raum und Zeit

What a life, what bliss,
To be here at this particular moment.
Flowing nectar in our bodies,
Emanating through space and time.

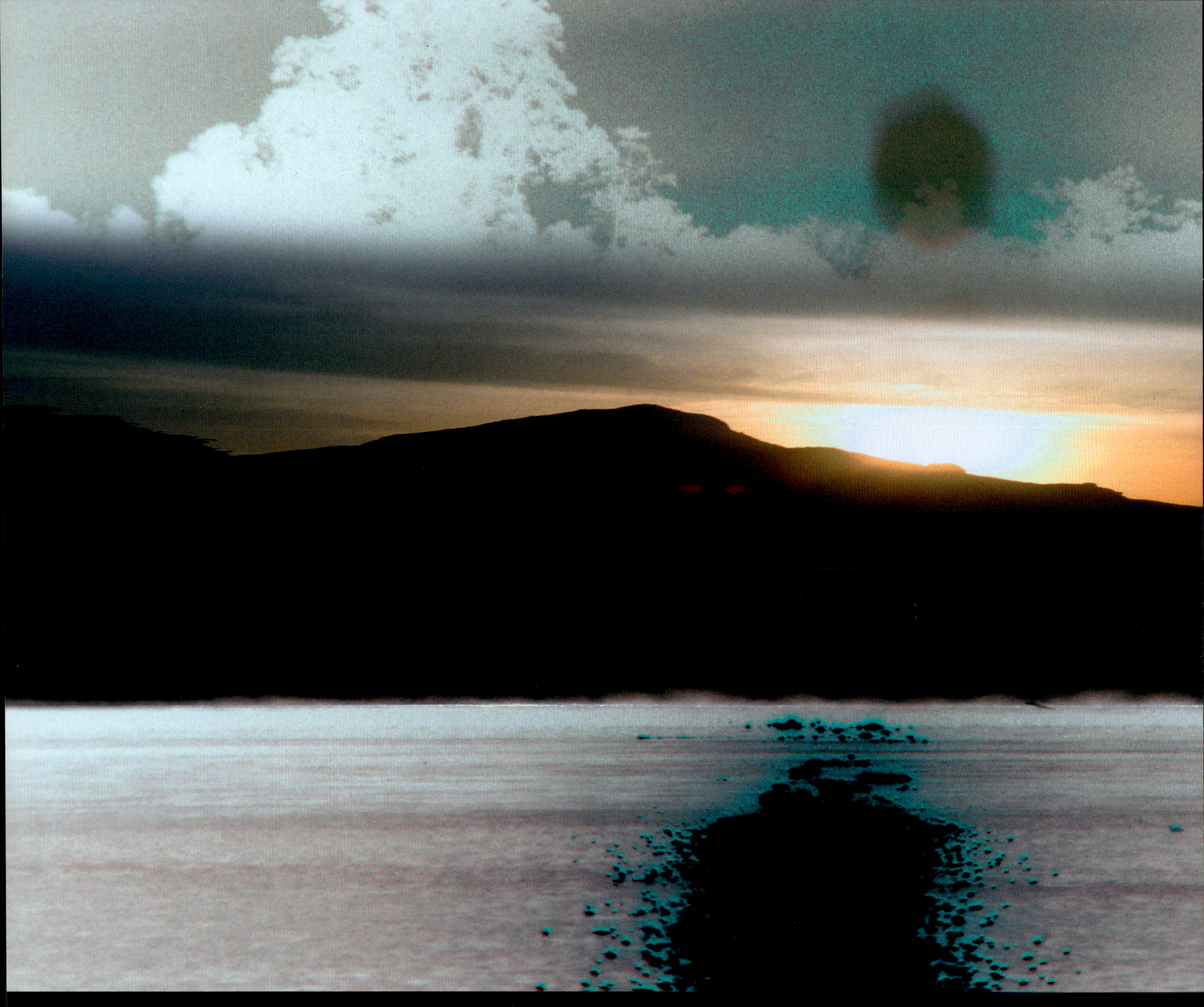

Je wahrhaftiger die Information ist, die du erhältst,
desto mehr erschaffst du eine profunde Realität.
Je verdrehter deine Gedanken sind, desto unwahrh
und gestörter wird deine Realität sein.
Du beeinflusst damit nicht nur dich sondern dein
gesamtes Umfeld über viele Ebenen hinaus.

The more genuine the information you obtain,
the more you create a profound reality.
The more twisted your thoughts, the more
disingenuous and disrupted your reality will be.
Through it you may influence not only yourself,
but also all your surroundings,
extending beyond many layers.

Bildnachweis / Photo Index

12	Regenwald, Costa Rica / Rainforest, Costa Rica		62	Irian Jaya, Indonesien / Indonesia
14	Schamane, Amazonas / Shaman Amazon		64	Irian Jaya, Indonesien / Indonesia
16	Iguaçu Wasserfälle, Brasilien / Cataracts of Iguaçu Brazil		66	Amazonas Peru, Secoya Indianer bei Wildschwein- und Affenjagd / Natives of the Secoya tribe hunting wild boar and monkeys
18	Costa Rica		68	Amazonas, Brasilien / Amazon, Brazil
20	Thomas Green Morton, Brasilien / Brazil		70	Irian Jaya, Brasilen / Brazil
22	Peru, Amazonas / Amazon		72	Uganda, Ruwenzori Gebirge / Ruwenzori Mountains
24	Irian Jaya, Indonesien / Indonesia		74	Tibet
26	Geistheiler Philippinen / Spiritual healer Philippines		76	Amazonas / Amazon
28	Geistheiler Philippinen / Spiritual healer Philippines		78	Indonesien / Indonesia
30	Blume / Flower, Costa Rica		80	Indonesien / Indonesia
32	Tibet, Namsu See / Namsu Lake		82	Peru, Amazonas / Amazon
34	Arunachala, Heiliger Berg in Indien / Arunachala Holy Mountain in India		84	Costa Rica
36	Tibet		86	Costa Rica
38	Philippinen / Philippines		88	Indien / India
40	Tibet		90	Irian Jaya, Indonesien / Indonesia
42	Costa Rica, Urwald / Rainforest		94	Brasilien / Brazil
44	Schamanistische Rituale, Brasilien / Shamanic Rituals, Brazil		96	Peru
46	Walking Stick, Costa Rica		98	Amazonas / Amazon
48	Indien / India		100	Mahadaliburam, Indien / India
52	Gaza, Bhutan, Tempelfest / Temple ceremony		102	Irian Jaya, Indonesien / Indonesia
54	Cusco, Peru		104	Irian Jaya, Indonesien / Indonesia
56	Totenritual, Indonesien / Ritual for the dead, Indonesia		106	Burma
58	Vogelspinne, Buschmeisterschlange / Bird-Spider, Snake		108	Philippinen / Philippines
60	Totenritual, Indonesien / Ritual for the dead, Indonesia		110	Philippinen / Philippines

114	Tibet
116	Philippinen / Philippines
118	Peru, Bolivien / Peru, Bolivia
120	Gaza, Bhutan
122	Amazonas / Amazon
128	Uganda, Ruwenzori Gebirge / Ruwenzori Mountains
130	Amazonas / Amazon
132	Uganda, Ruwenzori Gebirge / Ruwenzori Mountains
134	Lhasa, Tibet
136	Lhasa, Tibet
138	Tibet, Namsu See / Namsu Lake
140	Costa Rica
142	Amazonas / Amazon
144	Peru
146	Tibet
148	Tibet
150	Costa Rica
154	Indien / India

Dr.med.Dr.med.dent.Dr.phil.Christian Kobau

Geb. 13.5.1961
Medizinstudium in Graz
Dreijährige Ausbildung zum prakt. Arzt
Studium der Psychologie und Pädagogik
Forschungsreisen und Expeditionen in Südostasien (1 ½ Jahre) und Südamerika (1 ½ Jahre)
Neunmonatige ärztliche Tätigkeit bei den Vereinten Nationen (UN) in Syrien (Golan)
Facharzt für Zahn-, Mund- und Kieferheilkunde
Seminare und Vorträge im In- und Ausland
Philosophie und Konzepterstellung auf ganzheitlicher Basis für Hundertwassers Thermendorf Blumau (Rogner International)
Gong- und Klangschalenkonzerte
1994/95 Lehrauftrag an der Univ. Graz „Naturheilverfahren in der Zahnmedizin"
Dissertation zum Thema „Stress in der zahnärztlichen Praxis"

Diplome:

Akupunktur – Österr.Gesellschaft für Akupunktur Wien und Shanghai College of Chinese medicine of advanced acupuncture
Klinische Hypnotherapie Eli Jaxon Bear (Esalen Institute) Kalifornien
Neurolinguistisches Programmieren NLP Master Richard Bandler (Kalifornien, Schweiz)
Qigong Lehrer nach den Richtlinien der österr. Qigong Gesellschaft
A-Diplom der internationalen Gesell. für Applied Kinesiology
2-jährige Ausbildung für Kieferorthopädie (POS- Progressive orthodontic Seminar) bei Dr.Mc Gann – USA
Gerichtlich beeideter Sachverständiger für Zahnmedizin
Zahnärztliche Fortbildung in Elektroakupunktur, Bioresonanztherapie, Physioenergetik, Neuraltherapie, Homöopathie, Schwermetallausleitung, Kieferorthopädie von POS, Implantologie, Parodontosechirurgie

Publikationen:

Ganzheitlich und naturheilkundlich orientierte Zahnmedizin, 2. Auflage, 900 Seiten
Die Zähne und ihre Wechselbeziehungen zum Organismus, Wandtafel
Bodybalance, 2. Auflage, 540 Seiten
Aids, 190 Seiten
Amazonas-mae manota, 250 Seiten

Medienauftritte:

ORF-Sendung „Modern Times": Akupunktur in der Zahnarztpraxis bei Dr. Kobau
ORF-Sendung „Wir": Amalgam Pro und Contra

Zeitungsberichte über ganzheitliche Zahnmedizin in
Medical Tribune, Schweizer Prophylaxezeitung, Comed – Deutschland, Kleine Zeitung, Gesundheit

Christian Kobau, M.D., D.D.Sc., Ph.D.

Date of Birth: May 13, 1961;
Medical science studies, Graz, Austria;
Three-year schooling as general practitioner;
Studies in psychology and education science;
Research trips and expeditions to Southeast Asia (18 months) and South America (18 months);
Nine-months medical work with Austrian United Nations peacekeepers on Golan Heights, Syria;
Medical specialist for dental, oral and maxillary treatment;
Workshops and lectures in Austria and abroad;
Idea and holistic-based concept for the Hundertwasser Spa Resort of Blumau (Rogner International)
Gong and singing bowls/planetary bowls concerts;
1994/95: lecturer at University of Graz: "Natural Healing Methods in Dental Medicine"
Dissertation topic: "Stress in the Dental Clinic"

Diplomas:

Acupuncture: Austrian Society for Acupuncture, Vienna, and Shanghai College of Chinese Medicine of Advanced Acupuncture;
Clinical Hypnosis Therapy Eli Jaxon Bear (Esalen Institute) California;
Neuro-linguistic Programming NLP; Master Richard Bandler (California, Switzerland);
Qigong instructor according to guidelines of Austrian Qigong Society;
A-Diploma from the International Society for Applied Kinesiology;
Two-year training for orthodontics (POS- progressive orthodontic seminar) with Dr. Mc Gann – U.S. ;
Sworn expert in court for dental cases;
Continuous dental studies: Electro-acupuncture, bio-resonance therapy, physio-energetic therapy, neural therapy, homeopathy,
heavy-metal detoxification therapy, orthodontics of POS, implant dentistry, and periodontosis surgery.

Publications:

Ganzheitlich und naturheitlich orientierte Zahnmedizin ("Holistics and naturopathy oriented dental medicine"), 2nd edition, 900 pages
Die Zähne und ihre Wechslebeziehungen zum Organismus ("Teeth and how they interact with our organism") – Wallscreen
Body balance, 2nd edition, 540 pages
Aids, 190 pages
Amazonas-mae manota, 250 pages

Public Appearances:

ORF TV program "Modern Times": Acupuncture in the dental practice of Dr. Kobau
ORF TV program "Wir": Pros and Cons of Amalgam

News reports on holistic dental medicine in:
Medical Tribune, Dental Tribune, Schweizer Prophylaxezeitung, Comed – Germany, Kleine Zeitung, Gesundheit

Impressum:

Produktion: KOBAU Verlag
Idee: Dr. Christian Kobau
Buch-Konzept und Layout: Mag. Günter Jost (Fotostudio Jost&Bayer)
Bild-Collagen: Mag. Günter Jost und Gabriela Bayer (Fotostudio Jost&Bayer)
Fotos: Dr. Christian Kobau
Übersetzung: Ingrid Catto
Herstellung: KAISER-Verlag Klagenfurt
Cover: Mag. Günter Jost (Fotostudio Jost&Bayer)
Cover: Eingelegte Kristall–Achatscheibe

DVD:
Produktion: KOBAU Verlag
Idee –Texte–Poems: Dr. Christian Kobau
Organisation: Günter Huber
Regie–Kamera–Filmschnitt: Alex Doliner (Inspired Film Art) Günter Huber
Tontechnik und Sounddesign: Herbert Verdino (Inspired Film Art)
3D-Animation: Mag. Manuel Pichler
Deutsche Textierung: Dipl.Fachwirtin f. Marketing & Management Marlies Karner-Taxer
Übersetzung Englisch: Ingrid Catto
Sprecher Englisch: Mag. Josef Wastian
Interviewpartnerin: Mag. Sabine Dlugaszewicz
Gongs und Klangschalen: Dr. Irene Kobau und Dr. Christian Kobau
Alle Fotos und Kamera Bhutan: Dr. Christian Kobau
DVD-Cover: Mag. Günter Jost
Sound-Komposition Dia-Show: Artur Mandera

ISBN 3-9502111-0-1
© 2006

Imprint:

Publisher: Kobau Print
Idea: Dr. Christian Kobau
Book Concept & Layout: Günter Jost (photo studio Jost&Bayer)
Picture-Editing: Günter Jost und Gabriela Bayer (photo studio Jost&Bayer)
Photos: Dr. Christian Kobau
English Translation: Ingrid Catto
Production: KAISER-Verlag Klagenfurt
Cover: Günter Jost (photo studio Jost& Bayer)
Cover: agate disc inlay

DVD:
Publisher: Kobau Print
Idea-text-poems : Dr. Christian Kobau
Organization: Günter Huber
Direction-camera-filmcut: Alex Doliner (Inspired Film Art) and Günter Huber
Sound technology and sound design: Herbert Verdino (Inspired Film Art)
3D-Animation: Manuel Pichler
German text: Marlies Karner-Taxer, certfied adviser for marketing & managent
Translation into English: Ingrid Catto
Speaker: Josef Wastian
Interview: Sabine Dlugaszewicz
Gongs and Crystal Bowls: Dr. Irene Kobau und Dr. Christian Kobau
All photos and camera Bhutan: Dr. Christan Kobau
DVD-Cover: Günter Jost
Sound composition for slide show: Arthur Mandera

ISBN 3-9502111-0-1
© 2006